INHALT

Seite der Schriftleitung 330

Biblische Perspektiven: Mit der Schwester Hand in Hand *(Ute Seibert)* 332

Luzmila Quezada Barreto: Ermächtigungserfahrungen von Frauen
im Alltagsleben 341

Claudete Beise Ulrich / Dina Ludeña Cebrian: »Buen Vivir«,
Herausforderungen für eine solidarische befreiende feministische
indigene Theologie 355

Atola Longkumer: Hildegard of Bingen and Mirabai: A Comparative
Reading of Women Mystics 369

Esther Mombo / Heleen Joziasse: Saved But Not Safe –
A Parish Discussion on the Absence of Safety in the Church.
A Case Study of Kabuku Parish Church. 385

Heike Walz: Leben in Fülle statt Gewalt – Theologien von Frauen
interkulturell und interreligiös 400

Kritisches Forum:
Differenzhermeneutik oder Inselmentalität? Anmerkungen zum EKD-Text
»Christlicher Glaube und religiöse Vielfalt in evangelischer Perspektive«
(Ulrich Dehn) 420

Berichte und Dokumentationen:
»Sie werden kommen vom Osten und vom Westen, vom Norden
und vom Süden...«
Festakt, Symposium und Gottesdienst anlässlich der bevorstehenden
Emeritierung von Prof. Dr. Dieter Becker *(Verena Grüter)* 424

Rezensionen 429

Nachruf Theodor Ahrens 442

Informationen & Termine 444

Liebe Leserinnen und Leser,
bis vor wenigen Jahrzehnten war Treiben von Theologie (und auch in den meisten anderen Wissenschaftsbereichen) eine Angelegenheit von Männern. Dies hatte viele Gründe: eindeutige Rollenbilder, ungleiche Chancen im allgemeinen Berufsleben und in akademischen Karrieren, traditionelle familiäre Arbeitsteilungen, männerorientierte dienstrechtliche Vorgaben und vieles andere mehr. Daran hat sich in Europa und Nordamerika und auch in den anderen Teilen der Welt seit vielen Jahren etwas geändert, wenn auch noch lange nicht bis zu einer völligen Gleichberechtigung. Auch in der lange Zeit männlich dominierten interkulturellen Theologie werden Stimmen von Frauen hörbar, auch wenn die meisten diesbezüglichen Lehrstühle noch von Männern besetzt sind. Theologisches Denken änderte seinen Charakter, neue Dimensionen traten hinzu, es traten Sprachsensibilisierungen ein.

Vor 25 Jahren erinnerten sich in einem kleinen Band Theologinnen aus vielen Teilen der Welt an die »Gärten unserer Mütter« in Anlehnung an ein Zitat von Alice Walker: »Ich bemerke, daß meine Mutter nur strahlt, wenn sie in ihren Blumen arbeitet. Sie strahlt so sehr, daß sie fast unsichtbar ist. Sie ist nur Schöpferin: Hand und Auge. Sie ist in eine Arbeit vertieft, die ihre Seele braucht. Sie ordnet das Universum nach dem Bild ihrer eigenen Vorstellung von Schönheit« (Letty M. Russell hg., In den Gärten unserer Mütter, 1990, 9): autobiographische Erinnerungen an ein Leben als Frau in einer männerbeherrschten Gesellschaft, Unterdrückungserfahrungen, aber auch dankbare Blicke auf Mütter, die unter diesen Bedingungen auf ihre Weise den eigenen Kosmos fruchtbar machten und den eigenen »Garten« sprießen ließen.

Auch hier versammeln wir Stimmen von Frauen, die sich nun nicht mehr (nur) auf ihre eigenen Biographien und Familiengeschichten besinnen, sondern Blicke auf genderspezifische Themen werfen, mitunter – aber nicht ausschließlich – aus feministischer Perspektive. Luzmila Quezada Barreto aus Peru widmet sich dem Thema des Empowerment (Ermächtigung) von Frauen unter den Bedingungen von Unterdrückung, wie sie in den Armutsvierteln in Lima, der Hauptstadt von Peru, herrschen. Claudete Beise Ulrich aus Brasilien und Dina Ludeña Cebrian aus Peru greifen das Stichwort *Buen vivir* (gutes Leben) auf, das in der lateinamerikanischen Debatte (und in der ökumenischen Bewegung seit Busan 2013 allgemein) derzeit eine zentrale Rolle spielt, und gehen ihm in der indigenen Theologie nach. Atola Longkumer aus Bengaluru (Indien) vergleicht die beiden Mystikerinnen Hildegard von Bingen aus dem 12. Jahrhundert und die Inderin Mirabai aus dem 16. Jahrhundert. Beide Dichterinnen verhielten sich unter männlich dominierten Verhältnissen widerständig und benutzten in ihren Dichtungen genderorientierte Formulierungen. A. Longkumer verknüpft dies mit dem Anliegen der Komparativen Theologie. Esther Mombo and Heleen Joziasse von der St. Paul's University in Lemuru (Kenia) stellen aufgrund einer empirischen Studie in einer kenianischen Kirchengemeinde fest, dass Gewalt gegen Frauen biblische Begründungen erfährt und insofern ›being saved‹ und ›being safe‹ keineswegs das Gleiche sei und erst für Frauen wie für Männer gewährleistet werden müsse.

Heike Walz, Professorin an der Kirchlichen Hochschule Wuppertal/Bethel, war von der Schriftleitung gebeten worden, mit den Autorinnen aus den südlichen Kontinenten ins (literarische) Gespräch zu treten. Sie tut dies, indem sie die Entwicklung feministischer Theologie seit den 1960er Jahren nachzeichnet und die Beiträge aus ihrer Perspektive einer postkolonialen interkulturellen Theologie liest – dies unter Anwendung des Dreierrasters einer planetarischen, komparativen und narrativen Theologie.

In eigener Sache ist aus der Schriftleitung etwas mitzuteilen, das Sie mit einem Blick auf die Adressenliste schon ahnen können: Benedict Schubert ist nach 17 Jahren Mitarbeit in unserem Team ausgeschieden, nachdem er bereits vor sechs Jahren die Funktion des Hauptschriftleiters abgegeben hatte. Benedict Schubert hat die Zeitschrift seit 1998 entscheidend mitgeprägt und mitgestaltet, in seiner Zeit der Hauptverantwortung fand die wichtigste Phase der Weiterentwicklung als maßgebliche wissenschaftliche deutschsprachige Zeitschrift in unserem Feld und die Überführung zum neuen Titel *Interkulturelle Theologie. Zeitschrift für Missionswissenschaft* statt. Wir danken ihm von Herzen für sein großes Engagement und werden ihn als einen wunderbaren Teamkollegen vermissen. An seiner Stelle haben dankenswerterweise Heike Walz, derzeit Professorin in Wuppertal, und Andreas Heuser, Professor in Basel, unsere Einladung zur Mitwirkung in der Schriftleitung angenommen. Wir freuen uns auf die künftige Zusammenarbeit!

Im Namen der Schriftleitung aus Basel, Neuendettelsau, Rostock und Hamburg grüßt wie immer herzlich
Ulrich Dehn

Mit der Schwester Hand in Hand[1]

Ute Seibert

Liebe Gemeinde,
als sich vor einigen Wochen unsere Wege gekreuzt haben und die Vorbereitungs-
gruppe dieses ökumenischen Frauengottesdienstes mich mit dem Anliegen, als
Frauenpfarrerin in ihrem Gottesdienst eingeführt zu werden, aufnahm, habe ich
mich gefreut: *Mit der Schwester Hand in Hand* – genau das richtige Thema.
Migrationsgeschichten ... Frauen unterwegs ... Aufbrechen ... Weitergehen ...
Rückkehren. Und auf diesem Weg helfende Hände finden. Das hat sofort Reso-
nanzen ausgelöst in meiner eigenen – sicher privilegierten – Migrationsge-
schichte. Und so lernte ich über die Arbeit von FiM.

> FiM – *Frauenrecht ist Menschenrecht* ist ein interkulturelles Beratungs-
> und Informationszentrum für Migrantinnen und ihre Familien. Hier
> werden Frauen aus Afrika, Asien, Lateinamerika, Mittel- und Osteuro-
> pa in prekären Lebenssituationen beraten und unterstützt. Die Frauen
> kommen in sehr unterschiedlichen Notlagen: Gewalt, Armut, fehlende
> Aufenthaltserlaubnis, Menschenhandel, Genitalbeschneidung. In den
> unterschiedlichen Situationen geht es immer darum, die Wahrung der
> Menschenrechte und Menschenwürde von Frauen und Kindern zu wah-
> ren, Schutz vor Gewalt und Hilfe zur Selbsthilfe mit dem Ziel des Empo-
> werments von Frauen.

> Viele Beraterinnen haben selbst Migrationserfahrungen und können die
> Frauen nicht nur in Deutsch, sondern in 10 weiteren Sprachen beraten.
> Das ist für viele der ratsuchenden Frauen eine große Hilfe. So haben sie
> die Möglichkeit, mit einer Frau aus dem eigenen Kulturkreis und in der
> eigenen Muttersprache über meist sehr persönliche und traumatische Er-
> fahrungen zu sprechen.

[1] Predigt aus Anlass meiner Einführung als Frauenpfarrerin im EVA-Evangelisches Frauenbegegnungs-
zentrum am 14. April 2015 in Frankfurt. Sie fand in einem ökumenischen Frauengottesdienst statt, den
wir mit Monika Kittler, Encari Ramírez und Luise Reinisch von FiM – Frauenrecht ist Menschenrecht e.V.
vorbereitet haben.

1. Aufbrechen

Bevor die Frauen zu FiM kommen, haben sie einen langen Weg hinter sich. Sie sind aufgebrochen, geflohen, weggegangen, hin auf Unbekanntes. Im Aufbruch steckt Vieles: Erwartung, Erleichterung, Hoffnung, Ungewissheit und Schmerz, Dankbarkeit, dass die Flucht gelungen, die Bedrohung vorüber ist, Trauer, die in diesem Moment ungelebt bleibt.

Jetzt kreuzen sich eure Wege, Hände berühren sich auf der Suche nach gelingendem Leben.

[An vier Stationen werden wir jetzt in die Arbeit hineingeführt, die euren Weg mit anderen Frauen beschreibt, Schwestern Hand in Hand:

Nach jeder Station singen wir den Liedvers: »Stark und schwach ...«]

Sprecherin 1: **Ankommen**

Sprecherin 2: Yariza ist 26 Jahre alt und stammt aus Ecuador. Als Jugendliche migrierte sie nach Spanien und schlug sich mit Gelegenheitsjobs durch, bis sie durch die Wirtschaftskrise arbeitslos wurde. Mit ihrem marokkanischen Freund kommt sie nach Deutschland mit vielen Hoffnungen: Einen Job finden, sich ein Leben aufbauen, heiraten, Kinder kriegen. Doch bald stellt sich heraus: Er ist in Deutschland illegal, kann erst durch die Heirat einen Aufenthalt beantragen und selbst das ist unsicher.

Doch die Hoffnung stirbt zuletzt und der Zusammenhalt trägt die beiden – durch die Zeiten der Unsicherheit und der Armut, die Geburt ihres gemeinsamen Kindes und die schwierigen Anfangsmonate.

Vor drei Wochen dann endlich: Sie können auf dem spanischen Konsulat heiraten und Yarizas Mann bekommt zunächst drei Monate Aufenthalt in Deutschland. Jetzt kann er endlich legal Arbeit suchen. Ein Etappensieg.

Sprecherin 1: Ich durfte ihr die Hand reichen, sie begrüßen, ihr Kind halten, immer wieder Klarheit über die Möglichkeiten schaffen, die Hoffnung hochhalten.

Sprecherin 2: **Losgehen**

Sprecherin 1: Nuria ist Mitte 30 und kommt aus Peru. Sie hat gerade ihr erstes Kind bekommen – doch als sie nach zwei Wochen aus dem Krankenhaus nachhause kommt, hat sich ihr Partner verändert. Er hält das Leben mit dem Baby nicht aus; er schreit sie an, er will sie vor die Tür setzen, er schlägt sie und eines Tages drückt er dem Baby ein Kissen ins Gesicht. Die Mutter greift ein, dem Baby geht es gut, Gott sei Dank.

Nuria ist mutig – sie entscheidet schnell sich zu trennen, sie zieht mit ihrem Kind ins Frauenhaus, ist dort geschützt und geborgen vor der Gewalt. Sie geht nun ihre eigenen Schritte, sie beginnt die Angst hinter sich zu lassen.

Sprecherin 2: Ich habe ihre Hand gehalten, wenn sie vor Angst gezittert hat; ich habe ihr die Hand gereicht bis ins Frauenhaus. Nun ist sie sicher und ich kann ihre Hand wieder loslassen.

Sprecherin 1: **Weitergehen**

Sprecherin 2: Maria ist Mitte 40 und ist Brasilianerin. Sie ist fröhlich, herzlich; aber manchmal auch wirr. Ihr Kopf hält die ganze Belastung hier nicht aus: Jedes Jahr aufs Neue Angst, ob ihre Aufenthaltserlaubnis verlängert wird. Dann hat sie einen Schlaganfall, sie wird psychisch krank.

Das schlimmste für sie ist Stress – Stress wegen Geld, wegen Schulden, wegen Behörden. Sie will am liebsten ihre Ruhe in ihrer kleinen Welt, ihren Frieden mit sich selbst haben, einen Tee trinken und dabei die Fische in ihrem Aquarium ansehen.

Sprecherin 1: Ihre knochige Hand hat meine manchmal fast an sich gerissen, sie gezogen, so stark war das Bedürfnis. Doch Maria ist ruhiger geworden, sie hat sich von ihrem Partner getrennt; das ist gut. Sie hat eine gesetzliche Betreuerin, die sich um sie kümmert. Manchmal kommt sie, um mich zu grüßen, mir die Hand zu geben.

Sprecherin 2: **Zurückkehren**

Sprecherin 1: Saira ist gerade 50 geworden. Nach zwanzig Jahren Leben hier in Frankfurt hat sie entschieden in ihre Heimat Ecuador zurückzukehren. Sie hat viel gekämpft, bis sie sich nach Jahren hier legalisieren konnte, hat zwei Mädchen alleine großgezogen, hat viele Jahre als Kindermädchen und als Putzkraft gearbeitet. Sie ist ein herzensguter und bescheidener Mensch, nur manchmal etwas unorganisiert.

Nun will sie zurückkehren – sie freut sich und muss gleichzeitig Abschied nehmen von Deutschland. »Ich werde drei Dinge vermissen: Den tollen Nahverkehr, die Frankfurter Würstchen und dass man hier auf die Straße gehen kann, ohne sich schick zu machen.« Sagt Saira.

Sprecherin 2: Nachdem wir gemeinsam alles gut abgeschlossen haben, der Flug gebucht und der Koffer gepackt ist; gebe ich ihr ein letztes Mal die Hand zum Segen: Gute Reise, Saira, buen viaje!

Danke für eure Erfahrungen und die mitgeteilten Geschichten. Jetzt möchte ich euch fragen: Was macht es mit dir, so viele Hände zu berühren?

Sprecherin 2: Ich arbeite ja erst seit acht Monaten bei FIM mit, habe aber schon viel gelernt durch all die unterschiedlichen Begegnungen:

Erst einmal neugierig zu sein auf die Begegnung, keine Angst vor der Berührung zu haben und keine Scheu davor, mich von den Begegnungen berühren und verändern zu lassen.

Eine vor Angst zitternde Hand zu halten, verlangt mir immer wieder viel innere Stärke ab. Eine fordernde und vereinnahmende Hand erfordert auch mal ein »Nein« und eine klare Abgrenzung.

Ganz oft werden die Hände unserer Klientinnen für mich zum Segen: immer wieder wird uns viel Dankbarkeit entgegengebracht, wir bekommen gute Wünsche zugesprochen und ich weiß, dass manche Frauen für uns beten.

Yariza, Nuria, Maria und Saira sind nun auf ihrem Weg. Wie wird denn dein Weg weiter gehen?

Sprecherin 1: All die vielen Hände, die ich halten durfte, haben mir Kraft und Hoffnung gegeben. Die Hoffnung, dass diese Frauen es nun auch ohne mich weiter schaffen werden und die Kraft, um den Blick nach vorne zu wenden. Jede Frau, jede Hand, die ich berühre und halte und dann auch wieder loslasse, gibt mir den Mut und die Zuversicht um mich wieder vollkommen auf die nächste Frau einstellen zu können, wieder von vorne zu beginnen, wieder die Hoffnung zu haben, dass auch die nächste Frau ihren Weg finden wird. Und es erfüllt mich jedes Mal aufs Neue mit Glück und Freude, zu sehen, dass ich die Frau ein klein wenig auf ihrem Weg begleiten durfte.

Wir haben Erfahrungen gehört von Frauen, die andere begleiten auf ihren Wegen in der Migration. Geschichten überwundener Krisen aus der Sicht der Begleiterinnen. Und die dabei selbst verschiedene Momente durchlaufen. Als Wegbegleiterinnen sind sie gefordert, in ihrer Fachkompetenz und in ihrer Menschlichkeit.

Viele der Frauen, die bei FiM arbeiten, haben selbst Migrationserfahrungen, sie kennen die Erfahrung des Fremdseins, des nicht automatisch Dazugehörens, sie sprechen die Sprache der Frauen, die Hilfe suchen.

Und vielleicht hat die eine oder andere ganz bewusst in einer Beratungssituation der anderen die Hand gereicht, sowie sie oder ihre Mutter auch einmal gereicht bekam, oder es sich gewünscht hätte. Die Stimme der anderen hörbar machen und Raum geben, das eigene Wort zu sagen.

In euren Geschichten wird deutlich, wie unterschiedlich die Lebenssituationen der Frauen, ihre jeweiligen Bedürfnisse und Notlagen sind. Wie unterschiedlich die Hilfe aussieht, damit Frauen, alleine oder mit ihrem Kind und Partner eine schwere Krise überwinden können, und andere da waren, die ihnen eine Hand gereicht haben. Es hat sich etwas verändert, es entstand neues Leben.

Wir haben gerade Ostern gefeiert, der Auferstehung Jesu gedacht. Verwandlung. Jede dieser Geschichten von Nuria und Yariza, Maria und Saida ist auch eine Auferstehungsgeschichte. Denn da, wo eine aufsteht, geheilt wird, in ihrem Selbstvertrauen gestärkt wird, um aus einer Gewaltsituation rauszugehen, wo eine Trennung vollzogen oder eine Beziehung über schwere Zeiten gut trägt, da geschieht auch Auferstehung. Denn da wird das Leben verwandelt und die Lebenskraft Gottes erfahrbar.

Kraft, die in der Berührung steckt, mit der Schwester Hand in Hand. Erfahrung, die hoffentlich stärkt auf dem weiteren Weg und die mit anderen geteilt werden kann.

2. Der Text

Über welchen *Text* werden Sie denn predigen?, wurde ich gestern gefragt, als ich über diesen Gottesdienst erzählt habe und die Geschichten, die die Frauen von FIM uns eben mitgeteilt habt.

Darüber, war meine Antwort. Über die Erfahrungen der Frauen, die wir in diesem Gottesdienst hören.

Es ist ein Grundsatz der feministischen und aller Befreiungstheologien, dass die Erfahrungen der Ausgangspunkt der biblisch-theologischen Reflektion sind. Eine Theologin präzisiert: nicht jede Erfahrung, sondern die Erfahrung, die uns zu Tränen rührt – aus Trauer und Angst, aus Wut, aber auch aus grosser Freude oder Ekstase. Es geht um Erfahrungen, die uns berühren und bewegen.

Die kann ich hören, lesen, begleiten mit meiner eigenen Erfahrung und auch im Licht unserer biblisch-theologischen Tradition ansehen, Hand in Hand mit den Geschwistern, die ihre Migrationsgeschichten leben.

Ein Kollege weist mich darauf hin, »dass in der lateinamerikanischen Bibellektüre der Komplex Migration, Mobilität, Exodus und Exil, als hermeneutische Schlüssel vital ist«[2]. Dahinein gehören die Geschichten von Yaritza, Nuria, Maria und Saira; Ecuador und Spanien, Deutschland, Brasilien, Deutschland und Ecuador ....

Und er fährt fort: *»Die Völker wandern, die Texte auch. Die Erinnerung wandert. Gott auch ...«.*

Da wird es spannend. Alles in Bewegung: Menschen, Texte, Erinnerungen, Gott ....

Und jetzt kommt doch noch ein biblischer Text. Denn die Bibel erzählt die Erfahrungen von Menschen, Migrantinnen wie Yariza und Nubia, Maria und Saida. Und zwar im Buch Ruth. Um bei unserem Thema zu bleiben ›Mit der Schwester Hand in Hand‹ betrachten wir die Beziehung von Ruth, der Moabiterin und Noomi, ihrer Schwiegermutter aus Bethlehem in Juda.

Die Geschichte ist bekannt: Ich erzähle nur einige zentrale Elemente: in der Zeit der Richter verliess ein Mann aus Bethlehem wegen einer Hungersnot mit seiner Frau Noomi und ihren zwei Söhnen das Land und migriert in das Land der Moabiter. Der Mann starb und die beiden Söhne heiraten moabitische Frauen: Ruth und Orpa.

Zehn Jahre später sterben die beide Männer, Noomi ist jetzt Witwe in einem fremden Land mit zwei Schwiegertöchtern, die ebenfalls verwitwet sind. Jetzt stehen die drei Frauen alleine da.

Als sich die Situation in Israel zum Besseren wendet, beschließt Noomi, in ihre Heimat zurückzukehren. Die Schwiegertöchter begleiten sie bis zur Grenze.

---

[2] Por un mundo sin muros. Biblia y migración. RIBLA – Revista de Interpretación Bíblica Latinoamericana, Nr. 63, CLAI, Quito, 2010, Editorial.

Dort schickt Noomi sie zurück, bei ihrer Ursprungsfamilie sind sie versorgt und Jahwe solle ihnen helfen, wieder einen Mann zu finden. Die eine, Orpa, kehrt um, während Ruth bei Noomi bleibt:»Wo auch immer du hingehst, da gehe ich hin, wo auch immer du übernachtest, da übernachte auch ich, … dein Volk ist mein Volk und dein Gott ist mein Gott« (Ruth 1, 16). Dieser Text, bei vielen als Trauspruch beliebt, wird hier von einer Frau zu einer anderen gesagt.

In ihrer schweren Anfangszeit in Bethlehem sind die beiden Frauen zusammen und es ist Noomi, die ältere und erfahrene, die Ruth berät, begleitet, ihr hilft, Nahrung zu finden – sie geht nach israelischem Recht und liest die Ähren hinter den Erntearbeitern auf; um dann auch ein anderes Recht einzufordern, das der Lösung. Boas, ein reicher Mann und ein männlicher Verwandter, wird von Ruth aufgesucht, damit er ihr – und damit auch Noomi – zu einem Nachkommen verhilft. Ruth wird schwanger ... und in der Novelle ist dieses Kind ein Glied im Stammbaum Davids und Jesu.

Auf eine oder andere Weise haben Migrantinnen schon immer die herrschende Ordnung herausgefordert um ihr Überleben und das ihrer Kinder und Verwandten zu sichern.

Die Völker wandern, die Texte auch. Die Erinnerung wandert. Gott auch ....

Auch wenn das Buch Ruth in einer patriarchalen Perspektive geschrieben ist, zeigt es doch, wie hier die alten Gesetze des Ährenlesens, der Lösung oder der Leviratsehe zugunsten der ausländischen Frauen ausgelegt wurden. Damit verteidigen sie Gerechtigkeit und Solidarität als grundlegende Werte beim Wiederaufbau nach der Rückkehr aus dem babylonischen Exil; sie werden so Teil einer Gegenstrategie gegen die Vertreibung von Ausländern und Ausländerinnen im nachexilischen Israel.

3. Beziehungen

Bis hierher haben wir die Erfahrungen der FiM-Frauen gehört und sind mit dem biblischen Text ins Gespräch gekommen. Jetzt möchte ich noch etwas als Frauenpfarrerin und feministische Theologin dazu sagen.

Vor einigen Jahren entdeckte ich ein neues Wort. Und das ist immer spannend. Die Beziehung von Noomi und Ruth, über die wir eben gehört haben, hat eine

Gruppe italienischer Feministinnen inspiriert. Auf ihrer Suche nach Beziehungen, die Frauen untereinander stärken und ihnen helfen, sich Recht zu verschaffen, Visionen vom guten Leben zu teilen und entsprechende Projekte zu entwickeln und umzusetzen. Und sie suchten in der Geschichte nach Vorbildern. Fasziniert hat sie da die Solidarität, die Gemeinschaft der beiden unterschiedlichen Frauen Noomi und Ruth.

Und, da Worte Realität schaffen, suchten sie neue Worte. Die italienischen Feministinnen haben diese unterstützende Beziehung zwischen Frauen als exemplarisch angesehen und ihr einen Namen gegeben: *affidamento*, heisst der Begriff und er ist kaum ins Deutsche zu übersetzen. In seinen Wurzeln stecken Worte wie Glaube, vertrauen, sich anvertrauen, Treue.

Eine Beziehung, die davon ausgeht, dass zwei dasselbe wollen.

Vertrauen, Gegenseitigkeit, Schwesterlichkeit liegen darin; dazu gehört auch, das Bedürfnis, aber auch den Wunsch, das Begehren der anderen ernstnehmen und sie bei der Erfüllung ihres Ziels zu unterstützen. Dabei werden die Unterschiede unter den Frauen, die Erfahrungen durch Herkunft und Alter, die Lebenserfahrungen ernstgenommen. Trotz grundsätzlicher Gleichheit sind Schwestern auch unterschiedlich weit entwickelt, haben ein Stück Weg schon gemacht und brauchen die Hand für den nächsten Schritt, können dann aber auch diese Rolle abgeben und eine andere übernehmen.

Dabei richtet sich die Aufmerksamkeit darauf, was passiert, wenn Frauen gemeinsam an großen und kleinen Projekten arbeiten und dieses Beziehungsgeflecht mit ihren verschiedenen Farben und Fäden durchweben. Wie können wir den unterschiedlichen Fähigkeiten, Bedürfnissen und Kompetenzen unter Frauen Rechnung tragen und über stärkende Beziehungen, Differenz und Machtstrukturen innerhalb der Frauenbewegung nachdenken.

Vielleicht bin ich damit ein Stück weggekommen von Yariza, Nuria, Maria und Saira, auch von Noomi und Ruth und zu EVA oder zu Fim gewechselt. Institutionen, Organisationen, die auf unterschiedliche Art, mit verschieden langen und komplexen Wurzeln heute Frauen stärken und begleiten und dabei immer wieder an die Fragen von Struktur und Bewegung, von Differenzen, von Professionalität und Militanz, von bezahlter und ehrenamtlicher Arbeit kommen und die dabei entstehenden Konflikte wieder und wieder durchbuchstabieren müssen.

Als Schwestern, Ebenbilder Gottes, in unserer ganzen Unterschiedlichkeit, unterwegs mit Instrumenten wie der Menschenrechtserklärung und den Frauenrechten als verhandelbare und einklagbare Grundlagen unseres Zusammenlebens.

Gestärkt durch die große Wolke der Zeuginnen und Zeugen, durch alle, die vor uns gegen Gewaltstrukturen, für Menschen- und Frauenrechte und -würde und für gelungene, vertrauensvolle Beziehungen gelebt haben, die uns praktische, theoretische und spirituelle Wege gezeigt haben.

Die Völker wandern, die Texte auch. Die Erinnerung wandert. Gott auch ….

Gott, sei spürbar als Kraft in Beziehung, segne uns, wenn wir mit der Schwester, dem Bruder, den Geschwistern Hand in Hand gehen. Amen.

Ermächtigungserfahrungen von Frauen im Alltagsleben

Luzmila Quezada Barreto

Einleitung

In den vergangenen Jahrzehnten weist die Teilhabe von Frauen eine paradigmatische Veränderung auf hinsichtlich ihres Einflusses in allen gesellschaftlichen Bereichen. Diese Teilhabe fordert die traditionelle homogene Sicht auf Frauen heraus. Anliegen dieses Artikels ist es, Alltagserfahrungen von Frauen und ihre Ermächtigungsstrategien zu analysieren. Ermächtigung wird hier verstanden im Sinne positiver Macht, sich des eigenen Wortes und des eigenen Körpers zu bemächtigen und an den lokalen Machtzentren teilzuhaben. Zu diesem Zweck untersuche ich Lebensgeschichten von Frauen, die sich in den Armenvierteln von Lima/Peru an den Frauenbewegungen beteiligen. Als Theorierahmen für diese Analyse dienen ein phänomenologischer Ansatz qualitativer Untersuchungen und deren interdisziplinäre Verflechtungen.

1. Theoretisch-methodologischer Referenzrahmen

Biografieforschung bedient sich in jüngster Zeit in allen geisteswissenschaftlichen Disziplinen empirischer Methoden. Daher ist es nötig, die theoretisch-methodologischen Diskurse zu reflektieren, um die Daten der Feldstudien auszuwerten. In diesem Sinne wird hier eine interdisziplinäre Studie über die diskursiven Praktiken und die Aktionen von Frauen als der Subjekte der Untersuchung vorgelegt.

Den Erfahrungsnarrativen lege ich die philosophischen Prämissen der Phänomenologie sowie der feministischen Theologie zugrunde, die die Vorurteile über eine in bestimmter Weise aufgefasste Realität überwinden helfen. Dieses »phä-nomenologische Denken entsteht nicht aus der Praxis, sondern es bedient sich ihrer, um sie zu reflektieren«.[1] Dieser Denkansatz geht auf Husserl und Heidegger zurück, bei Letzterem verbunden mit dem Begriff des *Daseins*, der täglichen Existenz des Seins in der Welt. Heidegger greift auf die »griechischen Wurzeln des Wortes *phainomenon* oder *phainestai* sowie auf den Logosbegriff zurück. *Phainomenon* bedeutet Licht, Glanz, das, worin etwas sich manifestiert und sichtbar wird«[2] und durch den *Logos*, das erzählende Wort enthüllt werden kann.

Im Falle dieser Studie wird die Lebensgeschichte einer ermächtigten Frau in ihren Erzählungen sichtbar gemacht und enthüllt die vielfachen von ihr genutzten Strategien. Nicht alle Erfahrungen sind gleich. Sie unterscheiden sich hinsichtlich des Inhalts, des Diskurses und der Praxis. Daher ist es nötig, »sie zu befragen, sie in alle Richtungen zu umkreisen, um ihren Sinn aufzuspüren, die Dimensionen des Phänomens«.[3] Phänomene existieren nicht für sich selbst als Tatsachen oder Ereignisse, als Wirklichkeiten, die den Personen äußerlich sind. Dichotomien zwischen innerer und äußerer Welt können nicht aufgestellt werden.[4] Das heißt, soziale, kulturelle, pädagogische oder religiöse Phänomene existieren nur durch Frauen und Männer, die sich darin verorten und ihre erlebte Erfahrung erzählen.

2. Erinnerung und Erfahrung des Alltagslebens

Aus sozialwissenschaftlicher Sicht wird der Begriff *Erfahrung* problematisiert wegen seiner Tendenz, Identität essentialistisch zu verstehen und sie unhinter-fragbar zu machen. Zweifellos ist es nötig, sie zu analysieren, um die Ermächtigungserfahrungen von Frauen zu verstehen. Erfahrung ist Bestandteil unserer Alltagssprache und drückt sich in unseren Erzählungen dessen aus, was sich er-

---

[1] Viggiani Bicudo, Maria Aparecida. Sobre a fenomenologia. Em Pesquisa qualitativa em educação: um enfoque fenomenológico. (Orgs.) Bicudo, Viggiani, Maria, Aparecida e Esposito, Cunha, Vitória Helena. Piracicaba: Editora Unimep. 1994, 15–22; 21.

[2] Heidegger 1988, zit. bei Esposito, Cunha, Vitória Helena, Pesquisa qualitativa: Modalidade Fenomenológico-Hermenêutica. Relato de uma Pesquisa. Em Pesquisa qualitativa em educação: um enfoque fenomenológico. (Orgs.) Viggiani Bicudo,Maria, Aparecida e Esposito, Cunha, Vitória Helena. Piracicaba: Editora Unimep. 1994, 81–94; 81.

[3] Bicudo, 1994, 21.

[4] Bicudo, 1994, 24–26.

eignet hat, was wir empfinden, denken, sagen und wie wir handeln und uns in Beziehung setzen. Wir können sie also in den zwischenmenschlichen Beziehungen nicht ignorieren. Erfahrung gilt darüber hinaus als »Mutter aller Wissenschaft«. In diesem Sinne kann die Erfahrung kommuniziert, erzählt und anhand der Praxis als der Aktion/Gestion aufgezeigt werden, die die Subjekte historisch realisieren. Diese Erzählungen stellen ein fruchtbares Interpretationsfeld der Phänomene bereit und brechen mit deterministischen Vorstellungen einer linearen Geschichte. Sie wertschätzen die Geschichten der Subjekte als sozialer Akteure, die durch konstante Interaktion eine Wechselbeziehung zwischen Individuum und Gesellschaft herstellen, die auf Reziprozität und Rekonstruktion beruht. Diese Geschichten verflechten die Forscherin mit der Erforschten.

Im Mittelpunkt der Debatte steht ein sozio-kulturelles Phänomen, in dem persönliche Identität, Kultur und Gesellschaftsordnung ausgehandelt werden. Es ist daher sachdienlich wahrzunehmen, wie die Einzelnen ihre jeweilige Geschichte als menschliche Erfahrung erzählen und den Sinn dieser Erfahrungen im Leben der Einzelnen und der Gesellschaft zu verstehen. Darüber hinaus ist die Konstruktion der institutionellen Diskurse in den Blick zu fassen, die oft verschleiert werden. Gendertheorien eröffnen neue Perspektiven auf die Geschichte der Frauen, die Diversität und Pluralität ihres Denkens und ihre spezifischen Auffassungen von Welt, Menschen und Gott.

Joan Scott weist darauf hin, dass es sich im Moment des Erzählens nicht allein darum handelt, eine Erfahrung zu beschreiben, sondern sie vielmehr zu problematisieren, das heißt, sie zu durchwühlen, um die Mechanismen und Denkstrukturen zu verstehen, die zur Produktion der Identität beitragen. Mit den Worten von Thompson: »Die Subjektivität muss herausgefordert werden, die Gedächtnisebenen müssen zerlegt werden, in ihren Schatten muss tief gegraben werden.«[5] Das heißt, auf das Schweigen zu hören, auf die verborgene Sprache, die erlernt und verinnerlicht ist, oftmals eine kirchliche Sprache, die dem Wort der Frau weder Freiheit noch Raum gibt.[6] Schweigen, Vergessen und Frustrationen wollen besonders befragt werden.

Auf diese Weise werden die Differenzen in den Erzählungen der Männer und Frauen nicht essenzialisiert oder gar naturalisiert. Vielmehr sind diese Differenzen auf der Grundlage einer Gendertheorie unter Berücksichtigung ihres jewei-

---

[5] Thompson, 1992, 197.
[6] Vargas Valente, Virginia, Feminismos en América Latina. Su aporte a la política y a la democracia, Lima, Perú Fondo Editorial de la Facultad de Ciencias Sociales UNMSM, 2008, 59.

ligen sozialen historischen Kontextes zu dekonstruieren. Unter Rückgriff auf Ruth Roach Piersen weist Joan Scott darauf hin, dass der Erfahrungsbegriff angesichts seiner Verbreitung nicht vermieden, sondern operativ analysiert und neu definiert werden muss:

»Die Prozesse der Identitätsproduktion müssen aufmerksam beobachtet werden. Darüber hinaus ist auf der diskursiven Natur von ›Erfahrung‹ sowie der Politik ihrer Konstruktion zu bestehen. Erfahrung ist immer eine Interpretation und bedarf zugleich der Interpretation. Was als Erfahrung gilt, ist weder evident noch klar und eindeutig: Sie wird ständig herausgefordert und ist daher immer politisch. Eine Untersuchung der Erfahrung muss daher immer deren originalen Status in der historischen Erklärung infrage stellen.«[7]

Das schließt ein, dass bei dem Versuch, die Identitäten der Ausgeschlossenen sichtbar zu machen, die Machtstrukturen berücksichtigt werden müssen, mit denen sie sich bei der Konstruktion ihrer jeweiligen Identität konfrontiert sehen. Die Ausgeschlossenen assimilieren diese sozialen Machtstrukturen, verändern sie, weisen sie zurück, stellen sie infrage, widerstehen ihnen und transformieren auf diese Weise die Herrschaft, die in die Geschichte und Kultur eingelassen ist, insbesondere in die Sprache, die die Identitäten konstruiert bis dahin, dass Differenzen als natürlich und universal angesehen werden. Aus der Perspektive einer kritischen Theorie müssen daher die Mechanismen abgebaut werden, die diese Machtstrukturen verbergen und unsichtbar machen, um ihre Funktionsweise offenzulegen und zu zeigen, auf welche Weise ideologische Systeme die Frauen marginalisieren, ausschließen und zerrütten.

Die Erfahrung des täglichen Lebens hat nicht nur individuelle, sondern auch kollektive Bedeutung. Es ist die Erfahrung des Alltags, die es den Frauen erlaubt, nicht nur sich ihrer selbst gewahr zu werden, »ihre Gewissheiten zu überschreiten und ihre Wahrnehmungen dessen, was in den persönlichen und sozialen Beziehungen als natürlich gilt, sondern selbst die Eingangstür für eine völlig andere Vision der Gesellschaft zu sein und sich nicht nur für sich selbst, sondern auch im gesellschaftlichen Kontext als Subjekte wahrzunehmen«.[8]

Diese veränderte Wahrnehmung ist verbunden mit der Wertschätzung der Person, die ihr Würde gibt. Heller erläutert: »Alltagserfahrung ist grundlegend verbunden mit einem Prozess der Konstruktion von Werten.«[9] Im Moment der

---

[7] Joan Scott, Experiencia. La Ventana, México (No. 13) 2001, 72.
[8] Vargas, 2008, 39.
[9] Agnes Heller, O quotidiano e a historia, Rio de Janeiro 1972, 8.

Interkulturelle Theologie

2015
41. Jahrgang

Zeitschrift für Missionswissenschaft

Herausgeber

Die *Interkulturelle Theologie – Zeitschrift für Missionswissenschaft* wird in Fortführung des *Evangelischen Missions-Magazins* (seit 1916), der *Evangelischen Missions-Zeitschrift* und der *Zeitschrift für Mission* herausgegeben von der Deutschen Gesellschaft für Missionswissenschaft und Basler Mission.

Schriftleitung

Prof. Dr. Ulrich Dehn (Hauptschriftleiter)
FB Evangelische Theologie der Universität Hamburg,
Sedanstr. 19, D-20146 Hamburg, ulrich.dehn@uni-hamburg.de

Dr. Verena Grüter (Informationen und Termine)
Augustana-Hochschule, Waldstr. 11, D-91564 Neuendettelsau,
verena.grueter@augustana.de

Prof. Dr. Klaus Hock (Rezensionen)
Theologische Fakultät der Universität Rostock, D-18051 Rostock,
klaus.hock@uni-rostock.de

Dr. Katrin Kusmierz (Berichte und Dokumentationen)
Theologische Fakultät der Universität Bern, Länggassstr. 51, CH-3012 Bern,
katrin.kusmierz@theol.unibe.ch

Dr. Benedict Schubert (Berichte und Dokumentationen)
Hebelstrasse 17, CH-4056 Basel, b.schubert@unibas.ch

Verlage

Evangelische Verlagsanstalt Leipzig / Basileia-Verlag Basel

ISSN 1867-5492

EVANGELISCHE VERLAGSANSTALT
Leipzig

BASILEIA VERLAG
Basel

Biblische Perspektiven

Frieden ohne Ende (zu Jes. 9,1-6), Tim Schramm. 5

Eltern und Kinder – Vergebung zwischen den Generationen (Mal. 3,22-24), Corinna Körting 138

Mit der Schwester Hand in Hand, Ute Seibert 332

Aufsätze

Luzmila Quezada Barreto: Ermächtigungserfahrungen von Frauen im Alltagsleben 341

Claudete Beise Ulrich / Dina Ludeña Cebrian: »Buen Vivir«: Herausforderungen für eine
solidarische befreiende feministische indigene Theologie . . . . .: 355

Ulrich Dehn: Der Missionar und Gelehrte Karl Gützlaff im Kontext der Geschichte Ostasiens . . 78

Leonie Charlotta Geiger: Christliche Mission unter islamischer Herrschaft: Johannes Lepsius.
Die Wechselwirkungen zwischen Missionaren und dem Osmanischen Reich am Beispiel der
Deutschen Orient Mission (DOM). 60

Dirk-Martin Grube: Zur Definition und wissenschaftstheoretischen Verortung der
Interkulturellen Theologie: Kommentar zu den Beiträgen des Themenheftes »Was ist
Interkulturelle Theologie?« (2-3/2014) 96

Eberhard Hauschildt: Kommunikation und Seelsorge zwischen religiösen und
kulturellen Welten 45

Adrian Hermann: Zwischen menschlicher und göttlicher Liebe. Plurale
Homosexualitätsdiskurse als Herausforderung für das Studium des globalen Christentums . . . 143

Hanns Walter Huppenbauer: Selbstständige afrikanische Gemeinden.
Vorschläge eines Missionars von 1880 164

Werner Kahl: Migrationserfahrungen als conditio sine qua non für die transkulturelle
Ausbreitung des Frühchristentums. Eine Re-Lektüre der Apostelgeschichte 185

Sudhir Kakar: Psychoanalyse, Psychologie und nicht-westliche Kulturen 10

Atola Longkumer: Hildegard of Bingen and Mirabai: A Comparative Reading
of Women Mystics 369

Gudrun Löwner: Christliche Themen in der Kunst Indiens von den Anfängen bis zur
Gegenwart: Interreligiöser Dialog in der Kunst. 198

Esther Mombo / Heleen Joziasse: Saved But Not Safe – A Parish Discussion on the Absence
of Safety in the Church. A Case Study of Kabuku Parish Church 385

Christoph Schneider-Harpprecht: Interkulturelle Theologie und Seelsorge –
Modelle und Methoden 24

Yan Suarsana: Die Sagbarkeit Gottes. Poststrukturalistische Theorie, historisch-kritische
Methode und die Theologie der Religionen 224

Heike Walz: Kritik der europäischen Vernunft? Herausforderungen für die
Interkulturelle Theologie aus Lateinamerika und Afrika 261

Heike Walz: Leben in Fülle statt Gewalt – Theologien von Frauen
interkulturell und interreligiös 400

Kritisches Forum

Ulrich Dehn: Differenzhermeneutik oder Inselmentalität? Anmerkungen zum EKD-Text
»Christlicher Glaube und religiöse Vielfalt in evangelischer Perspektive« 420

Berichte und Dokumentationen

Theologische Weiterbildung für Migrationskirchen (*Claudia Hoffmann*) 115

Von den/bis an die … Enden der Erde: Mission im Geist (*Kirsteen Kim*, Vortrag vor der
Mitgliederversammlung des EMW, Oktober 2014) 284

»Sie werden kommen vom Osten und vom Westen, vom Norden und vom Süden…«
Festakt, Symposium und Gottesdienst anlässlich der bevorstehenden Emeritierung
von Prof. Dr. Dieter Becker (*Verena Grüter*) 424

Rezensionen

Heinrich Balz, *Ngoe – Osiris – Aeneas (=Religionswissenschaft: Forschung und Wissenschaft,
Bd. 11), Berlin 2014 (Rainer Neu)* 429

Ulrich Dehn, *Weltweites Christentum und ökumenische Bewegung, Berlin 2013*
(Eckhard Zemmrich) 125

Jörg Haustein, *Writing Religious History. The Historiography of Ethiopian Pentecostalism,*
Wiesbaden 2011 (Moritz Fischer) 430

Dieter Klein, *Pioniermissionar in Kaiser-Wilhelmsland. Wilhelm Diehl berichtet aus*
Deutsch-Neuguinea 1906–1913, Wiesbaden 2014 (Ulrich van der Heyden) 433

Christoph Kleine, *Der Buddhismus in Japan, Tübingen 2011 (Ulrich Dehn)* 118

Christine Lienemann-Perrin / Wolfgang Lienemann (Hg.), *Religiöse Grenzüberschreitungen.*
Studien zu Bekehrung, Konfessions- und Religionswechsel / Crossing religious borders.
Studies on conversion and religious belonging, Wiesbaden 2012 (Klaus Hock) 120

Livia Loosen, *Deutsche Frauen in den Südseekolonien des Kaiserreichs. Alltag und*
Beziehungen zur indigenen Bevölkerung, 1884-1919, Bielefeld 2014
(Ulrich van der Heyden) 122

Niels-Peter Moritzen (Hg.), *Johann Albrecht Friedrich Böhm – Missionar in Südwestafrika*
1863-1907. Mit der Biographie, die seine Urenkel erarbeitet haben und Texten von ihm
selber, Nürnberg 2014 (Karl Böhmer) 435

Hermann Mückler, *Missionare in der Südsee. Pioniere, Forscher, Märtyrer*, Wiesbaden 2014
(Ulrich van der Heyden) 124

Einführungen bzw. Lehrbücher zur Interkulturellen Theologie (Werner Kahl) 301

Gustav Warneck, *Evangelische Missionslehre: Ein missionstheoretischer Versuch*,
Nürnberg 2015, 2 Bde (Heinrich Balz). 437

Markus A. Weingardt (Hg.), *Warum schlägst du mich? Gewaltlose Konfliktbearbeitung in
der Bibel. Impulse und Ermutigung, Gütersloh 2015; Ders., Was Frieden schafft. Religiöse
Friedensarbeit – Akteure, Beispiele, Methoden, Gütersloh 2014 (Sönke Lorberg-Fehring)*. ... 439

Informationen und Termine. 128, 320, 444

Nachruf Theodor Ahrens. 442

Wahl zwischen verschiedenen Optionen können diese Werte axiologische Bedeutung erhalten: »Konkrete Ideen, Absichten oder Alternativen, je nach ihrer Werthaltung und ihren Urteilen, bauen sie zu ihrem Weltbild aus.«[10] Aus diesem Grund ist die Erfahrung die treibende Kraft im Hinblick auf Bedeutungen im kognitiven, axiologischen und praktologischen Bereich.

Für die Erweiterung des Erfahrungsbegriffes durch das alltägliche Leben bietet sich der Begriff der Alltagspraxis an. Es ist die Alltagspraxis, die den Texten vorausgeht. De Certeau führt aus, dass der Begriff *Alltagspraxis* eine eigentümliche Kreativität besitzt, um aktiv die standardisierten Lebensweisen zu unterwandern, die von außen aufgezwungen sind, seien es die Produktionsmedien, die Kommunikation, Öffentlichkeit, Wirtschaft oder die geografischen bzw. institutionellen Räume der Städte.[11] Diese Alltagspraktiken konstituieren sowohl Aneignung als auch Veränderung des Eigensinnes der Dinge, transformieren sie auf andere Logiken hin und produzieren so eine andere als die dominante Kultur.

Mit der Untersuchung führender Frauen wird ein Thema aufgegriffen, das zwar bereits bekannt ist, aber eine theoretische Unterbewertung der vielfältigen Strategien und kontingenten Vorgehensweisen aufweist, die diese Frauen erfinden und auswählen mussten, um in ihrem jeweiligen historischen und kulturellen Kontext gehört und anerkannt zu werden. Dias weist darauf hin, dass »die gesellschaftliche Erinnerung an sie sich verliert, mehr aufgrund ideologischen Vergessens denn wegen effektiven Fehlens von Dokumentation«.[12] Es gibt zwar ein Vergessen aus Gründen des Alterns, aber es gibt auch ein Vergessen aus ideologischen Gründen und Nachlässigkeit aufgrund des Machismo und der patriarchalen Einstellung der Chronisten. Die mündlichen Quellen dagegen, die Erinnerungen und die volkstümlichen Erzählungen stellen den Versuch dar, die Geschichte mit entgegengesetzter Zielrichtung zu erzählen.

In ihren Erzählungen nutzen die Frauen Meilensteine, die sie als Brüche in ihrem Lebenslauf bezeichnen. Diese sind begleitet von Krisen, Spannungen, Schmerz, Widersprüchen, Ambiguitäten, die ihren Lebenslauf verändert haben. Es sind Erinnerungen, die an ihren Körpern Spuren hinterlassen haben, und »wegen der Variable des Geschlechts …, ist ihre Sexualisierung konstitutiv für die

---

[10] Heller, 1972, 14.
[11] Michel De Certeau / Lucy Giard, La invención de lo cotidiano. 1 Artes de Hacer, México, Universidad Iberoamericana 1996, XLII-XLIV.
[12] Dias, Maria Odila Leite da Silva, Quotidiano e poder em São Paulo no século XIX – Ana Gertrudes de Jesús, São Paulo 1984, 7.

Debatte über die sozio-historischen Zuschreibungen des Männlichen und des Weiblichen«.[13] Diese Zuschreibungen werden verkörpert in den lokalen Räumen, die wir bewohnen und in denen wir interagieren. Selbst wenn die Räume nicht mehr gegeben oder die Subjekte dort nicht mehr gegenwärtig sind – etwa im Falle ihres Todes – ist es dort, wo sie mit der Vergangenheit verbunden werden. Mit den Worten von Casey: »Der Geist der Erinnerung ist bereits in der Welt.«[14] Er befindet sich in den Erinnerungen und Reminiszenzen, in den Akten der Anerkennung, dem lebenden Körper und der Weggemeinschaft anderer. Diese drei Modi überlappen sich, wenn Körper, Praktiken und lokale Räume als Beziehungsaspekte im Akt der Erinnerung zusammenwirken.[15]

3. Frauen erzählen und stiften Erinnerung

Die Fallstudie, die ich vorstellen möchte, ist die der Leader *Flor la poetiza* [»Dichterblume«, Anm. d. Ü.]. Um die Identität der Interviewten zu schützen, habe ich ihr einen fiktiven Namen gegeben. Auch die lokalen Räume, in denen die Personen interagieren, tragen fiktive Namen.

Flor ist eine führende Frau des Armenviertels und eine der Gründerinnen des Viertels »Nueva Esperanza« [»Neue Hoffnung«, Anm. d. Ü.]. Sie ist als Freiwillige in einer Gesundheitsstation tätig, die mit HIV-positiven Menschen arbeitet. Zu unserem Treffpunkt kam sie als Leiterin, die mehr als zwanzig Jahre zuvor das erste Ausbildungszentrum PRONOE [Programa No Escolarizado: Grundbildung für Menschen ohne Schulabschluss, Anm. d. Ü.] in ihrem Viertel[16] gegründet hatte. Unterwegs bemerkte ich, dass die Menschen überall in den Straßen die Leiterin grüßten, und zwar sowohl Erwachsene wie auch alte Menschen und Jugendliche. Dies zeigte, dass es sich um eine öffentlich anerkannte Persönlichkeit handelte, die das Vertrauen der Gemeinde hatte.

Auf dem Weg zeigte sie mir den ersten Mütterclub, die erste Garküche, das erste Lokal »Ein Glas Milch«[17], die Werkstatt für Kunsthandwerk, bis wir zur

[13] Suely Kofes / Adriana Piscitelli, Memória de »Historias femininas, memórias e experiências«. Em Gênero, narrativas, memórias, Cadernos Pagu. Campinas, SP: Núcleo de Estudos de Gênero, (8/9) 1997, 349.
[14] E. S. Casey, Remembering: A phenomenological study, Bloomington/Indianapolis 1987, 87.
[15] David Middleton / Steven Brown, A psicologia social da experiência a relevância da memória, in: Proposições V. 17, no. 2 (50) 2006, 87.
[16] Ein marginales Stadtviertel, das 1983 in der Nähe der Pazifikküste gegründet wurde.
[17] Frühstücksangebot für Kinder bis zum zwölften Lebensjahr, alte Menschen und Tuberkulosekranke.

Gesundheitsstation kamen, wo Flor ihren Freiwilligendienst tut. An diesem Ort erstellten sechs Frauen und ein Mann eine Analyse und einen strategischen Plan zur Gesundheitspflege in dem Viertel. Ich erinnere mich genau, wie sie die Vor- und Nachnamen aller leitenden Personen der Zone aufzählte sowie die Veränderungen, die sie mit jedem Schritt erreicht hatten. Von den ältesten Personen sprach sie mit großem Respekt.

Das Interview führten wir später in ihrem Haus. Dort zeigte sie mir ihr persönliches Tagebuch mit Fotografien, in dem sie ihre biografischen Erfahrungen erzählt. Auf meine Bitte hin, mir einen Wochenplan zu zeigen, zeigte sie mir lächelnd einen Monatsplan, der die vielfältige Netzwerkarbeit spiegelte, die sie zu tun hatte.

An dieser knappen Geschichte von Flor und ihrer Ermächtigungserfahrung möchte ich drei Momente hervorheben: Zuerst die Gewaltsituation; dann den Moment des Überlebens und schließlich die Rekonstruktion mithilfe von Ermächtigung und Widerstandskraft.

3.1 Die Anfänge: Familiengründung und Einrichtung eines Hausstandes im Viertel

Flor beginnt ihre Autobiografie mit der Erzählung einer Situation intrafamiliärer Gewalt. Diese Gewaltsituation ist für ihr Leben sehr bestimmend, denn nach der Gründung einer eigenen Familie wiederholt sich dieselbe Geschichte intrafamiliärer Gewalt, die sie mit ihrer Mutter erlebt hatte. Sie erzählt Folgendes:

>»Ich hatte eine traurige Kindheit, mit Komplexen und Gewalt, sah meine Eltern streiten, schrie im Alter von vier oder fünf Jahren verzweifelt, ohne zu verstehen was geschah. So lebte ich mit einer autoritären Mutter und einem charakterlosen Alkoholiker als Vater. An den Wochenenden erwartete ich voller Angst ihre Streitereien wegen der Trunkenheit. Meine Mutter verteidigte sich immer und ertrug doch alles. Deshalb wollte ich gehen, um nicht noch mehr Angst sehen zu müssen.
>
>Ich ging in die weiterführende Schule und verliebte mich. Beide waren wir ohne Lebenserfahrung, unvorbereitete Jugendliche. Als ich mit sechzehn Jahren schwanger wurde, entschieden wir uns zu heiraten. Um zu überleben, lernte ich, hier und dort etwas zu verkaufen, lernte Lima kennen und verlor mich im Hafenviertel Callao. Dann begannen die Konflikte zu Hause. Ich denke, wir werden nicht darauf vorbereitet, selbst

Eltern zu sein. Und ich glaube, als Frauen reifen wir schneller an der Verantwortung. Dann zogen wir nach Luz[18] um, zwei Wochen nach der Geburt von Maria (1979). Die Siedlung ist jetzt fünfundzwanzig Jahre alt. Es gab weder Wasser noch Licht, und meine Nachbarn glänzten in Abwesenheit von ihren Hütten.[19] Verantwortungslose Vaterschaft bringt Leiden über die Familie. Ich war jung, verstand nichts von Familienplanung und bekam Pedro und David. Immer dachte ich, ich würde mir einen anderen Partner suchen, denn die Trunkenheit und die Konflikte wuchsen mit meinen Kindern, und ich musste arbeiten, um essen zu können. So verschwand mein Traum von einer glücklichen Familie und hinterließ Verzweiflung, Bitterkeit und Groll in meinem Herzen. Um überleben zu können, wurde ich immer härter. Was mich am Leben erhielt, war der Kampf um mein eigenes Überleben und das meiner Kinder.«[20]

Diese Erfahrung intrafamiliärer Gewalt verwandelte sich für Flor in einen entbehrungsreichen Überlebenskampf: Sie war mit sechzehn Jahren Mutter geworden, kannte keine Empfängnisverhütung und bekam daher schnell hintereinander drei Kinder, deren Vater keine Verantwortung übernahm, sodass sie selbst arbeiten musste, ohne sich in Lima[21] auszukennen.

Hinzu kam die Aufgabe, im Lima der 1980er-Jahre eine Wohnung zu finden während einer Zeit schwerer sozialer Kämpfe und Gewalt. Zusammen mit anderen BesetzerInnen nahm Flor Land an einem Fluss ein, der die Kloake Limas bildete. Dort gab es weder Licht noch Wasser, nur eine Sandfläche voller Ratten, Flöhe und Moskitos. Die wenigen BesetzerInnen »glänzten in Abwesenheit«. Zusammen mit einer kleinen Gruppe von Frauen und ihren Kindern schützten sie sich mit Pappe gegen die Kälte und richteten sich so auf dem Grund ein, der einmal ihr Heim sein würde.

All diese Vorfälle bilden wichtige Markierungspunkte in Flors Leben, das sich in eine ständige Herausforderung zum Vorwärtsgehen verwandelt, mit dem einzigen Ziel, das Leben ihrer Kinder und ihre eigenes zu erhalten. Sie bewies sich selbst, dass sie es konnte. Dafür stehen ihre Worte »mein Herz hat sich ver-

---

[18] La Luz ist eine Siedlung in der Region Callao. In Lima eine Wohnung zu finden erfordert viele Opfer von Menschen mit Migrationshintergrund oder deren Kindern. Mehrheitlich sind es Frauen, denen es gelingt, Land zu besetzen.

[19] Der Prozess der Besetzung beginnt damit, dass ein Stück Land ausgemacht wird, das noch nicht bebaut ist. Die Besetzenden kommen und bauen kleine Hütten aus Pappe oder Zelte aus Matten, die sie vor der Kälte schützen. Viele der Besetzenden stellen nur ihre Hütten auf und gehen wieder in ihre Häuser zurück. Nur diejenigen Familien, die keine Wohnung haben, bleiben sofort da, bis sie die Erlaubnis erhalten, eine Wohnung zu errichten.

[20] Feldtagebuch. Feldforschung im Viertel La Luz vom 8.6.2008.

[21] Als Hauptstadt Perus hat Lima rund acht Millionen Einwohner.

härtet, um zu überleben«. Andernfalls wäre sie sich selbst zum Opfer gefallen mit einem zerronnenen Traum von einer glücklichen Familie und erfüllt mit Groll und Bitterkeit.

Flors Erzählung besteht nicht in einer Chronologie, sondern ist durch »nicht normale« Räume und Zeiten strukturiert. So wie Camus die Zyklen sozialen Lebens als »Verrücktheit und Chaos« definiert, ist auch jede autobiografische Erzählung damit konfrontiert.[22] In ihrem Fall sind es Veränderungen, die durch ihr Lebensalter, ihre Ehe und Geburt der Kinder, aber auch durch Gewalt und Arbeitssuche, Trennung von ihrem Partner und Wohnungssuche bestimmt sind. All diese Markierungspunkte helfen ihr, tiefgreifende objektive und subjektive Veränderungen durchzumachen. Diese dienen ihr dazu, ihren sozialen Platz im Leben zu finden, von dem aus sie sich selbst bejahen kann. So kann sie später sagen:

> »Ich denke, wir werden nicht darauf vorbereitet, selbst Eltern zu sein. Und ich glaube, als Frauen reifen wir schneller an der Verantwortung.«

Im Blick auf die Beziehungen zwischen den Geschlechtern liegt über der Logik von Flors Erzählung die Rationalität des Gegensatzes zwischen Frau und Mann. Nach ihrer Erzählung ist das Familienleben verkehrt. Hier der Mann, der »charakterlose und alkoholabhängige« Vater, der die Familie nicht unterhält, dort die autoritäre Mutter, die von ihrer Mutterschaft dazu getrieben wird, für die Familie zu sorgen. Der Vater ist abwesend, ebenso wie später ihr Mann. Der Vater als Versorger sollte Verantwortungsbewusstsein für die anderen zeigen, was jedoch nicht der Fall ist. Dadurch verliert er die Autorität, die er zurückzugewinnen sucht durch Gewalt gegen Frau und Kinder. Dies gilt sowohl für Flors Mutter als später auch für sie selbst. Aus solchen Erfahrungen werden später Frauen, die selbst Familienoberhaupt[23] werden.

---

[22] Marta Khol Oliveira / Teresa Cristiana Rego et al., in: Pro-posições V. 17, no. 2 (50) 2006, 119–138, 124.

[23] Der Begriff »Familienoberhaupt« entstand in den alten Gesellschaften und bezeichnete die Macht des ältesten Mannes über die anderen. Dieses Konzept verbreitete sich in den Gesellschaften Europas und wurde in den Kolonien durchgesetzt. Die Voraussetzungen dieses Konzeptes sind: i) die ökonomische Abhängigkeit der Frauen und Kinder vom männlichen Versorger und ii) die Existenz eines Ehepaares als Grundlage des Haushaltes. Diese Ideen sind für außereuropäische Gesellschaften unangemessen, in denen der wirtschaftliche Familienunterhalt kein männliches Vorrecht darstellt und wo die Familienerfahrung und das Lebenszentrum nicht zusammenfallen. Vgl. J. Chandeler, Women without Husbands, Basingstoke 1991; Folbre, Op.cit. 1991a; N. Folbre, Mothers on their Own: Policy Issue, in: Developing countries./CRW/The Population Council, Family Structures, Female Headship and Poverty Projects, 1991.b. mimeo. Vgl. Revista de Estudos Feministas, Vol. 6. No. 1/98.

3.2 Führungspersönlichkeit

Flors Leben verändert sich, als sie an den lokalen Treffen sozialer Organisationen in ihrer Siedlung teilzunehmen beginnt: Der Garküche, dem Lokal »Ein Glas Milch« und im Gesundheitszentrum. In all diesen Organisationen wurde sie zur Mitwirkung eingeladen aufgrund ihrer Fähigkeit zur Dienstleistung. Sie selbst beschreibt es so:

> »Ich wollte immer studieren und lernen. Ich ging in die Grundschule und in die weiterführende Schule und machte eine Ausbildung, um später Ausbilderin zu werden, aber es ließ sich beruflich nicht verwirklichen. Demgegenüber gaben die Fortbildungen im Gesundheitsdienst und in den anderen Organisationen meinem Leben eine andere Richtung. Ich begann Verantwortung zu übernehmen, dabei ging es mir gut, und die Menschen schenkten mir ihr Vertrauen. Mein Leben hat sich dadurch sehr verändert, und heute lebe ich eine andere Etappe. Immer fühlte ich mich angezogen von dem Gedanken des Dienstes an der Gemeinschaft, der in mir sehr stark ausgeprägt ist. Jetzt arbeite ich als Freiwillige und begleite HIV-Infizierte. Für mich waren die Universitäten des Lebens die Basisorganisationen. Von den Frauenorganisationen habe ich gelernt, als im Viertel das Lokal »Ein Glas Milch« und die Garküche aufgebaut wurden und ich begann, in der Gesundheitsstation mitzuarbeiten. Derzeit gibt es so viele Frauen, die wir begleiten und unterstützen, weil wir selbst diese Erfahrungen gemacht haben.«

Flor arbeitet in allen Organisationen begeistert mit. Das Programm, das sie mit großer persönlicher Zufriedenheit erfüllt, ist die Bildungsarbeit im Gesundheitszentrum; darüber hinaus ist es die Arbeit in den sozialen Organisationen, in denen die Ausbilderinnen von Nichtregierungsorganisationen kommen. All diese Erfahrungen haben ihrem Leben »eine andere Richtung« gegeben.

Sich an der Arbeit der sozialen Organisationen zu beteiligen, war für die Frauen nicht einfach. Die Mehrzahl von ihnen – und das gilt insbesondere für diejenigen, die aus den marginalen Vierteln kommen – hatte ihre Schüchternheit zu überwinden, musste sich von ihrem Haushalt entfernen und sich selbst auf neue Weise wahrnehmen. Sie hatten die Zurückweisung der Männer und der Mitglieder ihrer Gemeinden zu überwinden, um in diesen Räumen anerkannt zu werden[24], denn das bedeutete, sich in öffentliche Angelegenheiten einzumischen.

---

[24] Virgini Guzman /Alicia Pizás, Biografías compartidas: Redes sociales en Lima, Lima 1995, 53.

Hier ist der Hinweis angebracht, dass die Erkenntnisse aus dem Bereich des Familienlebens nicht einfach auf den öffentlichen Raum übertragen werden können. Es sollen lediglich die Strategien reflektiert werden, die die Frauen nutzen, um in beiden Räumen Distanz und Annäherung zu bewirken. In der Reflexion des lokalen Raums sind daher die Kontroversen zu bedenken, die offengelegt werden müssen, um zu verstehen, von welchen entwicklungspolitischen und genderspezifischen Positionen aus die Möglichkeiten und Herausforderungen des lokalen Raums dargestellt werden.

Die Spielräume der Organisationen halfen Flor, mithilfe materieller und symbolischer Ressourcen ihr Selbstbewusstsein zu entwickeln. Diese Lebensgeschichte, die exemplarisch für andere Formen von Marginalisierung aufgrund von Ethnie, Sexualität, Bildung, Religionszugehörigkeit oder Alter die Ermächtigungserfahrung einer Frau erzählt, impliziert ein neues Konzept von nicht-hegemonischer und nicht-hierarchischer Macht. Die Protagonistin beschreibt ihre Ermächtigungserfahrung als Bejahung ihrer selbst mit den Worten:

> »Ich begann Verantwortung zu übernehmen, dabei ging es mir gut, und die Menschen schenkten mir ihr Vertrauen. Mein Leben hat sich dadurch sehr verändert, und heute lebe ich eine andere Etappe.«

Diese Sätze bezeichnen den Beginn der Rekonstruktion ihrer Identität, indem sie die Kontrolle über ihr Leben übernimmt und sich ermächtigt erfährt, indem sie ihre Fähigkeiten auslebt. Sie wird sich ihrer Realität nicht nur bewusst, sondern beginnt auch, diese zu verändern. Sie entwickelt Organisationsfähigkeit und schafft sich eine andere soziale Umgebung, indem sie ihr Beziehungsnetz verändert, beginnend mit ihrem familiären Umfeld. Sie selbst beschreibt das so:

> »Dort fühlte ich mich bedeutsam und konnte etwas beitragen.«

Das zeigt, dass auch Frauen, die zunächst traditionelle Genderrollen entwickeln, infolge von Fortbildungen auf den Gebieten Organisation, Planung, Versammlungsleitung und öffentliche Politik »in den öffentlichen Raum hineingestellt und dazu befähigt werden, erstmalig Macht zu erwerben und im Gemeinwesen Führung auszuüben«[25], indem sie Macht mit anderen Frauen teilen. Auch die Präsenz von NGOs, die in der Gemeinde die Interessen von Frauen wahrnehmen und

---

[25] Alejandra Massolo, El espacio local: Oportunidades y desafíos para el empoderamiento de las mujeres. Una visión latinoamericana. in:Jornadas sobre género y desarollo, Victoria-Gasteiz 2002, 23–24, 9f.

Projekte, Fortbildungen und Vorschläge für politische Veränderungen machen, stärken die Überzeugungskraft und konzertierte Mitwirkung der Frauen.

Flors Ermächtigung ist kein linearer Prozess mit einem Start und einem Ziel, die für alle Frauen in gleicher Weise definiert werden könnten. Solche Ermächtigungserfahrungen sind unterschiedlich für jede Person; sie hängen mit dem jeweiligen Kontext, der Geschichte und ihrer Stellung in Familie und Gemeinde zusammen.[26] Wie die Fallstudie gezeigt hat, enthält Flors Geschichte ihre Rekonstruktion als Subjekt, die in dem Maße fortschreitet, in dem sie die Richtung ihres Lebensweges selbst bestimmt. Ihre Erfahrungen helfen ihr, ihr Leben neu zu deuten und es aus der Fremdbestimmung herauszuholen, indem sie selbst zur Akteurin in ihrem Lebens und dem des Kollektivs wird, in dem sie wirkt.[27]

Die Auswirkungen der patriarchalen Macht zu dezentralisieren bedeutet, die positiven Antworten ernst zu nehmen, die sich in die Lebenserfahrung hineinweben. Konversion bedeutet für Frauen daher, sich aus dem androzentrischen, patriarchalen System zu verabschieden, das Gewalt ausübt und sie wegen ihres Geschlechts und ihrer ethnischen und sozialen Zugehörigkeiten marginalisiert, und stattdessen Beziehungen zu konstruieren, die auf Gleichwertigkeit, Gegenseitigkeit und Ermächtigung beruhen. Es ist nochmals darauf hinzuweisen, dass Konversion hier nicht verstanden wird als Selbstverleugnung, Unterwerfung und Selbstberaubung des Egos, um mit göttlicher Gnade erfüllt zu werden. Dieser Selbstverlust hat die Funktion des Machtverlusts, um Frauen in der Unterordnung festzuhalten. Die Konversion, die hier gemeint ist, besteht in der Wiederbegegnung mit uns selbst, in der Bejahung der eigenen Kräfte, Gaben, Stärken und Verantwortlichkeit[28].

Hier wäre nach den Kapazitäten zu Widerstand, Selbstorganisation und Resilienz in Krisen zu fragen, die die tiefgreifende Konversion erzeugen, die zur Veränderung der persönlichen Haltung und Praxis führt. Aus welchen Gründen wurde das Potenzial von Haltungen, positiven Gefühlen und dieser Spiritualität ignoriert oder unterschätzt, die den Schmerz in Hoffnung verwandeln und in geradezu feindseligen Kontexten entstehen? Es soll hier angedeutet werden, dass negative und positive Emotionen in widrigen Situationen koexistieren. Hervor-

---

[26] Magdalena León, Empoderamiento: relaciones de las mujeres con el poder, in: Revista Foro, No. 33, diciembre, Bogotá 1997, 46.

[27] Leônia Teixeira Cavalcante, Escrita autobiográfica e construção subjetiva. Em Psicología USP, São Paulo, Instituto de Psicología, Universidade de São Paulo, Vol I No. 1, 1990, 37.

[28] Elizabeth A. Johnson, Aquela que é: o mistério de Deus no tratado teológico feminista, Petropolis, R J. Vozes 1995, 102–103.

zuheben ist nicht die Viktimisierung, sondern die Fähigkeit zum Widerstand, zur Ermächtigung und die moralische Kraft, wie der Apostel Paulus schreibt: »... denn wenn ich schwach bin, bin ich stark.«[29]

Der hier gemachte Vorschlag zielt auf einen Paradigmenwechsel. Wir sollten uns auf die positiven Fähigkeiten von Frauen konzentrieren, ihre Erfahrungen von Leiden und Schmerz zu überwinden und an deren Stelle die tätige Hoffnung auf Veränderungen jetzt und hier zu setzen. Anstatt die negativen Aspekte von Ängsten, Schwächen, Defiziten und Schuldgefühlen zu priorisieren, sollten wir versuchen, die Fähigkeiten und Stärken zu sehen, mit deren Hilfe Widrigkeiten und Isolation überwunden werden. Dazu sind gar nicht so sehr differenzierte Informationen hilfreich als vielmehr die Art und Weise, wie eine Person sich selbst und die Welt sieht und eine eigenständige Handlungsstrategie entwirft.

Das Konzept der Ermächtigung wird in allen Humanwissenschaften wie der Psychologie, Administration, Anthropologie, Erziehungswissenschaft, Recht, Wirtschaft und Politik eingesetzt. Auch Entwicklungsorganisationen, internationale Organisationen, soziale Bewegungen und Bildungsinstitutionen nutzen dieses Konzept, um Partizipation, Autonomie, strategische Planung und Entwicklung zu unterstützen.

In feministischer Perspektive wird dieses Konzept der Ermächtigung eingesetzt, um radikale Veränderungen von Prozessen und Strukturen herbeizuführen, die die Unterordnung von Frauen reproduzieren. In der Bewegung der Schwarzen in den Vereinigten Staaten bedeutete *Black Power* die Rückeroberung einer affirmativen Politik. Für die Frauen in Lateinamerika stellen die positiven Praktiken ihre Macht dar, nicht im Sinne von Vergeltung, sondern von Bejahung ihres Besitzes und ihrer Macht, die Genderbeziehungen zu transformieren auf die Gleichberechtigung von Männern und Frauen hin.

Frauen in Aktion

Ein Gedicht von Flor zu Ehren der Kantine »Frauen in Aktion«

Aus den peruanischen Bergen, aus dem andinen Himmel,
aus den Wiesen und dem Himmel unserer fruchtbaren und lebendigen Erde
erblüht ein solidarischer Geist,

[29] 2. Kor 12,10.

der wie eine kleine Sonne in unsere Häuser aus Matten und Pappe scheint.
Wir sind Frauen in Aktion,
Hände, die das gemeinsame Brot aus weißem und gelbem Mais backen,
Hände, die die violette Blume gesät haben, die Erbse, die weiße und die schwarze Bohne,
Hände, die Kartoffeln und Quinoa geerntet haben,
Wurzeln unserer Ernährung.

Wie segensreiche Blütenblätter ist unsere Fähigkeit zur Zusammenarbeit,
unsere Anstrengung ist nicht vergebens, das tägliche Brot zu teilen,
eine Gemeinschaft, die segnet, versöhnt und eint.
Es ist der warme Geruch einer Mahlzeit, mit Liebe zubereitet,
es ist der warme Geruch des Tees aus Zitronenmelisse,
die Erde, die uns das Leben gibt.
Es sind die fruchtbaren Täler, in denen Gemüse wächst,
es ist die Pachamama, die uns ernährt,
Reichtum und Vielfalt unserer Erde.

Wir tragen mit uns die Ähren von Furchen und Hoffnungen,
von Liedern und Freudentränen.
Wir tragen mit uns Quellen des Lebens, der Anstrengung und Arbeit.
Und hier, mit eigener Hand, versuche ich, ein Gedicht zu säen.

(Luzmila Barreto Quezada ist Theologin und lebt in Lima/Peru)

(Übertragung aus dem spanischen Original: Verena Grüter)

ABSTRACT

For the last decades, the participation of women in all spheres of society has increased. This phenomenon challenges the traditional homogeneous view on women. This paper is going to analyse the daily experiences of women and their empowerment strategies. Empowerment is understood in this paper in the sense of the positive power to have control of one's own word and body and participate in the local power centres. For the purpose of analysing this I will see life stories of women who participate in women's movements in the poor quarters of Lima (Peru). As theoretical framework the paper uses a phenomenological approach of qualitative research and its interdisciplinary entanglement.

»Buen Vivir«: Herausforderungen für eine solidarische befreiende feministische indigene Theologie

Claudete Beise Ulrich / Dina Ludeña Cebrian

Einleitung

Das Konzept des *Buen Vivir*/guten Lebens oder *Vivir Bien* ist zurzeit in der Mitte der lateinamerikanischen Debatte. Es ist ein besonderer Beitrag der indigenen Völker Abya Yala[1] (amerikanischer Kontinent) für die ganze Welt. Und es ist nicht nur ein Erbe der Vergangenheit, sondern eine Herausforderung für unsere Zeit. In diesem Text wollen wir uns fragen, was *Buen Vivir* für die feministische Befreiungstheologie bedeutet. Wir werden den Text in drei Teilen reflektieren: 1) *Buen vivir*: Begriff und Konzept; 2) Dina Ludeña Cebrian, Theologin aus Peru, beschreibt ihre innere Reise als Christin und Theologin und die Bedeutung des Konzepts *Buen Vivir*; 3) Fragen und Herausforderungen für eine solidarische befreiende feministische indigene Theologie.

»Buen Vivir«; »Vivir Bien« – Begriff und Konzept

Dieses Konzept und die Praxis kommen von der Bewegung der indigenen Völker aus Lateinamerika und haben nach unserer Meinung eine universelle Bedeutung.

    Buen Vivir oder *Bien vivir* ist die spanische Übersetzung[2] für *Sumak Kawsay* (Quechua/Ecuador), *suma qamaña* (Aymara/Bolivia), *Qhapaq Ñan* (Quechua/

---

[1] Der Begriff Abya Yala, der von der Ethnie der Kuna in Panama stammt, bedeutet wörtlich »Erde in voller Reife« und wurde Anfang der 1980er-Jahre vom bolivianischen Aymara-Führer Takir Mamani als indigene Bezeichnung für den als »Amerika« bezeichneten Kontinent vorgeschlagen. Siehe dazu: Abya Yala, in: http://es.wikipedia.org/wiki/Abya_Yala (25.10.2014.).

Peru), *Ñande Reko* (*modo de ser*/Seinsweise Guaraní) *Tekó Porã* (Guaraní/Paraguay/Brasilien), *Maloka* (Amazonas), und auch die Mapuche (Chile) und Kolla (Argentinien)[3] vertreten ähnliche Ansätze einer Kosmovision, die auf kommunitäre und nicht-kapitalistische Wurzeln zurückgreift und dem anthropozentrischen westlichen Weltbild eine integrierte Lebensweise zwischen Mensch und Natur entgegenhält.[4]

Im Mittelpunkt der Indianervölker aus den Andenländern steht Pachamama »Mutter Erde«, die allen Kreaturen das Leben schenkt, sie erhält und nährt. Nach Boff: »Mutter Erde stellt uns mehr und mehr all das bereit, was wir brauchen. Unsere Arbeit ergänzt, was sie für uns alle und auch für die anderen Lebenswesen der Natur ausreicht.«[5] Im Psalm 104 können wir lesen »dass Du Brot aus der Erde hervorbringst ...«

Die Guaraní haben ein anderes Bild von der Erde. Für die Guaranís ist die Erde ein Körper bedeckt mit Haut, Haar und Ornamenten. Sie haben von der Erde einen visuellen, plastischen Eindruck, und sie können die Erde hören.[6]

Ohne dem Anspruch der Komplexität dieses Entwurfs gerecht zu werden, versuchen wir, den Begriff *Sumak Kawsay* kurz zu erläutern[7], um ein besseres Verständnis der Tragweite dieses Konzeptes im gesellschaftlichen Diskurs zu ermöglichen. Im Folgenden möchten wir in einem kleinen Exkurs den Begriff *Sumak Kawsay* erläutern, um der umfassenden Bedeutung dieses Entwurfes gerecht zu werden und um ein besseres Verständnis für die gesellschaftliche Tragweite dieses Konzeptes zu ermöglichen[8]:

Sumak – Fülle, Größe.

[2]   Bem viver ist die portugiesische Übersetzung.
[3]   Definiciones: El BuenVivir/Vivir Bien desde los pueblos indígenas y originarios, in: http://filosofiadelbuenvivir.com/buen-vivir/definiciones/ (28.9.2014).
[4]   Luis Macas, El Sumak Kawsay, in: Gabriela Weber, Debates sobre Cooperácion y Modelos de Desarrollo – Perspectivas desde la Sociedad Civil en Ecuador. Quido, Centro de Investigaciones CIUDAD – Observatorio de la Cooperación al Desarrollo en Ecuador, Quito, 47–60.
[5]   Leonardo Boff, Achtsamkeit: Von der Notwendigkeit, unsere Haltung zu ändern, München 2013, 81.
[6]   Bartomeu Meliá, El Buen vivir guaraní: Tekó Porã: Agenda Latinoamericana ano 2012, in: http://servicioskoinonia.org/agenda/archivo/obra.php?ncodigo=762, .3. Meine Übersetzung aus dem Spanischen: »Esta imagen no es común ni típica de los guaraníes; la tierra es paraellos, másbien, un cuerpo cubierto de piel y pelos, revestido de adornos. El guaraní tiene de la tierra una percepción visual y plástica, y hasta auditiva.«
[7]   Macas, El Sumak Kawsay, in: Weber, Debates sobre Cooperácion y Modelos de Desarrollo, 51–52.
[8]   Siehe dazu David Cortez/Heike Wagner, Zur Genealogie des Indigenen »Guten Lebens« (»Sumak Kawsay«) in Ecuador; in: Leo Gabriel/Herbert Berger (Hg.), Lateinamerikas Demokratien in Umbruch, in: http://homepage.univie.ac.at/heike.wagner/Cortez,%20Wagner%20Sumak%20Kawsay.pdf, 167–200 (27.4.2014).

Kawsay – Das Leben als dynamischer, sich ständig ändernder Prozess, Interaktion alles Existierenden. Institutionelles Ordnungsprinzip, das symbolisiert ist im Chakana, dem Kreuz des Südens.

Sumak Kawsay – bedeutet somit mehr »Gutes Leben« und kann eher als »Zusammenleben in Vielfalt und Harmonie mit der Natur« (als integrierte Lebensweise in Gemeinschaft und Harmonie der Natur) verstanden werden.[9]

Alles ist gleich wichtig und alles ist miteinander verbunden. Nichts existiert ohne das Komplement des anderen. Integrität ist ein ethisches Prinzip in der Beziehung zwischen Menschen und Natur, aber auch zwischen Menschen und zu Menschen.

Daher wird *Sumak Kawsay*, *»Buen Vivir«*, »Gutes Leben« zum Symbol oder Metapher für die Ausarbeitung alternativer politischer, ökonomischer, institutioneller Konzepte und wird Grundlage für einen ethischen Diskurs, einen neuen Genderansatz und einen sozialen Wandel. Vertreterinnen und Vertreter[10] dieses Konzeptes lehnen explizit drei wesentliche abendländische Perspektiven ab und schlagen entsprechende Gegenentwürfe vor:

- Immanenter Anthropozentrismus stattdessen *Biozentrismus*
- Androzentrismus – Patriarchat stattdessen *Komplementarität*
- Koloniale Denkweise und Differenzierung der Rassen stattdessen *Pluralität indigener Gemeinschaften*

Buen vivir beruft sich auf die viel längere Tradition des indigenen Denkens gegenüber der christlich-okzidentalen Tradition, die als egozentrisch und eurozentrisch abgelehnt wird. Das ist Teil eines Prozesses der Dekolonisierung und der Schaffung eines neuen Denkens und Lebenskonzeptes, die auf der Diversität der Kulturen, der Komplementarität von Menschen, dem Respekt und einer neuen Beziehung zur Natur aufgebaut wird.[11] Zum anderen brechen sie mit traditionellen Entwicklungsmodellen und mit der linearen Vorstellung von Entwicklung, indem sie die Beziehung zur Natur und die menschliche, die Gemeinschaft in den Mittelpunkt stellen und sie zum Fundament der Ethik machen.[12]

---

[9] Macas, El Sumak Kawsay, in: Weber, Debates sobre Cooperácion y Modelos de Desarrollo, 51–52.

[10] Siehe dazu Alberto Acosta, El Buen Vivir en el caminho del post-desarrollo. Alguns reflexiones al andar, in: Weber, Debates sobre Cooperácion y Modelos de Desarrollo, 61–82.

[11] Thomas Fatheuer, Buen Vivir. Eine kurze Einführung in Lateinamerikas neue Konzepte zum guten Leben und zu den Rechten der Natur, Berlin 2011, 1–32. Online verfügbar unter: http://www.boell.de/downloads/endf_buen_vivir.pdf (28.9.2014).

Nach Leonardo Boff: »Das *bien vivir* (›gut leben‹) zielt auf eine Ethik des Genug für die gesamte Gemeinschaft und nicht nur für den Einzelnen hin.«[13] Im Mittelpunkt ist nicht das Individuum, sondern die Gemeinschaft. Die Menschen sind Teil der ganzen Schöpfung. In seiner Zusammenfassung formuliert Leonardo Boff:

> Das *bien vivir* umfasst also das gesamte Leben, insbesondere seinen gemeinschaftlichen Aspekt. Ohne Gemeinschaft existiert es nicht. … Das *bien vivir* lädt dazu ein, nicht mehr zu verbrauchen, als das Ökosystem ertragen kann, die Produktion von Abfällen, die nicht unter Wahrung der Sicherheit absorbiert werden können zu vermeiden, und es spornt dazu an, all das, was wir benutzen müssen, wieder zu verwenden und wieder zu verwerten. Es zielt also auf Recycling und Genügsamkeit hin und wirkt der Knappheit entgegen. In der Zeit der Suche nach neuen Wegen für die Menschheit bietet das *bien vivir* Elemente einer Lösung, die alle Menschen und die gesamte Gemeinschaft des Lebens umfassen muss.[14]

Dieses Konzept ist nicht neu und auch kein Rezept. Es war schon immer Teil der Geschichte und Kultur der indigenen Völker des amerikanischen Kontinents Abya Yala (traditioneller Ausdruck für den amerikanischen Kontinent). Heutzutage diskutieren wir dieses Konzept in den Bereichen der Theologie, Philosophie, Sozialwissenschaft allerdings. Die Professorin für indigene Geschichte an der Universidade Federal do Grande Dourados/Mato Grosso do Sul in Brasilien schreibt:

> Anmerken müssen wir jedoch, dass die Art und Weise der Indigenen, vom »Guten Leben« zu sprechen oder es zu erfahren, vorher kaum Beachtung fand. Deutlicher gesagt, wurde in Theologie und Philosophie vorher nicht ernsthaft darüber diskutiert, auch nicht von solchen Richtungen, die sich für eine gerechtere, friedlichere, kreativere und nachhaltigere Gesellschaft eingesetzt haben, als sie das kapitalistische System vorschlägt.[15]

---

[12] Josef Estermann, »Gut Leben« als politische Utopie. Die andine Konzeption des »Guten Lebens« (sumaqamaña/allinkawsay) und dessen Umsetzung im demokratischen Sozialismus Boliviens, in: http://www.refbejuso.ch/fileadmin/user_upload/Downloads/OeME_Migration/Herbsttagung/2012/OM_PUB_d_Gut_leben_Josef_Estermann.pdf (28.8.2014).
[13] Leonardo Boff, Achtsamkeit: Von der Notwendigkeit, unsere Haltung zu ändern, München 2013, 81.
[14] A. a. O. 81–82.
[15] Graciela Chamorro, Der Nationalplan für das Gute Leben, in: Sehnsucht nach dem Guten Leben. Die Theologie des Lebens als Thema in Mission und Ökumene. Jahresbericht 2012/2013 des Evangelischen Missionswerks in Deutschland, Hamburg 2013, 34.

Alberto Acosta betont:

> ... ich bin nicht Erfinder dieses Konzepts. Dieses stammt vom indige-
> nen Volk und besteht seit Jahrhunderten. Das Neue daran ist, dass diese
> Ideen in die ecuadorianische Politik Einzug gehalten haben. Man spricht
> vom guten Zusammenleben mit der Natur und mit der Gemeinschaft in
> der Gemeinschaft.« ... Ein sehr zentrales Element der Buen Vivir ist »Har-
> monie. Harmonie statt Wettbewerb, Akkumulation, Profit, Wirtschafts-
> wachstum. Ein Mensch muss in Harmonie mit sich selbst, mit anderen
> Mitmenschen und die Gemeinschaft in Harmonie mit der Natur leben.
> Es wird kein Paradies auf Erden vorgestellt, das ist nicht möglich. Es ist
> keine millenaristische Vorstellung, sondern wir suchen eine andere Ori-
> entierung, nämlich eine Gesellschaft auf solidarischen Prinzipien zu or-
> ganisieren.[16]

Über »*Buen Vivir*«/ »*Vivir bien*«/«*Bem viver*«/«Gutes Leben« zu reflektieren bedeutet, auch über unser alltägliches Leben nachzudenken. Eine wichtige Frage
ist: Was bedeutet das Konzept *Buen Vivir*/*Bien Vivir* für die indigenen Frauen?
Was bedeutet dieses Konzept für eine solidarische und befreiende feministische
Theologie?

Um diese Fragen zu beantworten, folgt als nächstes die autobiografische Reflexion der peruanischen Theologin Dina Ludeña Cebrian. Sie kommt von den
Quechua Völkern.[17] Dina reflektiert über ihr Leben, ihre innere Reise, mit Hilfe
ihrer Kollegin Maria Chávez Quispe Payhi erinnert sie sich.[18] Ausgangspunkt für
ihre Reflexion ist die Lebenserfahrung, die Gemeinschaft, Land, Harmonie, Spiritualität, Beziehung zur Erde/Pachamama, um ihre Wurzeln als indigene Frau
(Quechua Völker) wiederzufinden.

---

[16] Interview mit Alberto Acosta, Recht auf gutes Leben, in: http://www.georegio.net/english/journalism/
print/DerSonntag_24_2014_5.pdf (27.9. 2014).
[17] Ich habe Dina Ludeña Cebrian durch Internet (Facebook) und E-Mail kontaktiert. Sie hat mir ihre Autobiografie per E-Mail geschickt. Dina Ludeña Cebrian ist seit 19 Jahren mit Marco Antonio Quispe Rojas
verheiratet und ist Mutter von zwei Töchtern. Sie arbeitet für die freie methodistische Kirche in Peru.
Sie gehört zum stellvertretenden Komitee der indigenen Völker beim Weltkirchenrat (ÖRK). Sie hat
ein Lizenziat in Bibelwissenschaften in der Universidad Biblica Lationoamericana gemacht, und sie hat
mit dem Master in Pädagogik begonnen. Sie lebt in San Martin de Pangoa-Satipo Junín in der Selva
Central von Peru. Sie arbeitet als Direktorin des Instituts für Interkulturelle Forschung und menschliche
Entwicklung und ist ehrenamtlich im Bereich der Kapazitäten, wirtschaftlichen Förderung (Economic
Empowerment) von und für Frauen und der Bewahrung der regionalen indigenen Sprachen tätig.
[18] Maria Chavez Quispe, Beraterin im Programm für indigene Völker ist am 24. 7. 2012 in Liestal, Schweiz,
verstorben; http://www.oikoumene.org/en/resources/documents/general-secretary/tributes/maria-
chavez-quispe (30.9.2014).

Sumaq Sunqu, es öffnet unsere Herzen und unseren Weg

Gestärkt durch den Lebenssaft wird der Stamm ausreichend haben, um
die Äste und die Zweige, die Blätter, Blüten und Früchte des Baumes zu
ernähren, der wiederum viele Lebewesen ernähren wird, die sich in ihm
verstecken, um sich auszuruhen. (Zitat von Maria Chávez Quispe Payhi
in Lima 1993, auf dem Weg zu uns nach Hause)

Es ist wichtig, in das Innere zu reisen

Nachdem wir eine lange Wegstrecke (Sorge des Lebens) zurückgelegt hatten,
hatten wir den Wunsch in unseren Gefühlen, Gedanken zu halten, um einen
Blick auf den Anfang unserer Reise zu werfen und die besonderen Momente zu
erinnern, die der Hoffnung Sinn und Inspiration verleihen, um uns erzittern und
uns von einer Welt des Sumaq Kawsay »Buen Vivir« träumen zu lassen.

Kindheit – von Grün umgeben

Unsere Kindheit umgeben von Grün, ein pulsierendes und konstantes Leben in
einer andinen hochgelegenen Region im Süden Perus gab uns die Möglichkeit,
die Harmonie, die Ruhe und Eleganz der Natur zu erleben und in Freude miteinander und glücklich zusammenzuleben. Das mussten wir nicht explizit suchen,
es war einfach schon da um gemeinsam geteilt und in Anspruch genommen zu
werden. Dies wurde von einem feinen und unsichtbaren Gleichgewicht unterstützt, dessen man sich jedoch voll und ganz bewusst war. Das Leben drehte sich
rund um die Erde, von ihr ernährte man sich, kleidete sich; die fröhliche und
gemeinsame Arbeit gab uns am Ende des Tages Zufriedenheit im Sinne (*Sumaq
Kawsay*) des »*Buen Vivir*«.

Migration in große Städte

Wenn man jedoch in die großen Städte abwandert, verändert sich die Perspektive
im Leben, die Visionen, die Gedanken verändern sich und drehen sich im Allgemeinen um das Geld und nicht um das Leben. Wir denken, dass dies für jede/n

Indigene/n, Menschen vom Land einen kritischen Prozess darstellt, der eine Anpassung an die neuen Situationen erfordert, bis man sich wieder glücklich fühlen kann. Doch fast mit Sicherheit können wir sagen, dass man seine Identität nicht verliert, die Verwurzelung in der Pachamama; die Umstände bewirken, dass diese verdeckt und konserviert in den Tiefen des Ichs verborgen bleibt, doch wenn sich die Möglichkeit ergibt, kommt sie zur vollen Blüte.

Missionarische Bildung

Ich habe hier ein Beispiel, nämlich die Bildung. Mit dem Wunsch nach »Überwindung« haben sie uns an verschiedene Orte des Lebens geschickt, um das Glück zu suchen, von dem wir glaubten, es sei in der Gegend unserer Kindheit versteckt: Die religiöse Erziehung der europäischen Missionare beinhaltete die äußere Erneuerung des Körpers durch das Tragen unifarbener Kleidung, unsere schönen Zöpfe wurden abgeschnitten, und wir mussten jeden Tag aufs Neue den biblischen Lehren zuhören. Diese wurden von alleinstehenden Männern in Vertretung von Gott vorgetragen. Sie drohten mit der Strafe des Fegefeuers und gaben das Versprechen eines goldenen Himmels weit weg von der Erde und drohten mit Teufeln, die bereit waren, uns hungrig zu verschlingen. Sie bewirkten, dass wir für viele Jahre die unserem Leben nahen Geister verdeckten, mit denen wir aufgewachsen waren, zusammen mit der Spiritualität der Familie und der Freunde und der Weisheit der Urahnen aus dem Dorf, die am Abend vor dem Schlafengehen die Sterne beobachteten und uns die wichtigen Dinge im Leben beibrachten, unsere Kultur. Hierzu gehörte das Gleichgewicht in Beziehungen, der Wechsel des Wetters, die Natur, die Bedeutung der Harmonie usw.

Indigene Theologie

Heute sind wir dank unserer theologischen Ausbildung geprägt von zwei Strömungen: einer fundamentalistischen und einer liberalen. Indigene Brüder und Schwestern, die uns halfen, zu unserem Innersten zu reisen, erlaubten es uns, unseren Weg wieder aufzunehmen, auf dem uns Gott und Pachamama zum Leben verhalfen. Wir betreiben Theologie, und unser Verständnis der indigenen liberalen Theologie geht von dem interkulturellen Dialog aus. Wir erkennen, dass die heiligen Schriften die kulturellen Codes der Völker, die im historischen Prozess der Erlösung verwickelt waren, bewahren. Von dort aus kann man sich gleichermaßen über die Bedingungen jeder anderen Kultur austauschen, die Existenz der kulturellen Codes und anderer ähnlicher Elemente erlaubt es uns, eine Realität zu visualisieren, die sich von der unseren nicht sehr unterscheidet. Die Suche nach der Erde und die Ansiedlung auf ihr sind Führungselemente für die Existenz eines Volkes, seine Identität, seine Träume und Hoffnungen fußen auf der Sicherheit eines Hauses (Land); ohne diese Sicherheit läuft es Gefahr des Verlustes, der Auslöschung. Genauso zählen auch die Visionen, die Kämpfe, die Alltäglichkeit des Lebens zu unserer indigenen Theologie. Die indigene Theologie entwickelt sich nicht von einem Verständnis einer fremden oder abstrakten Realität her, sondern sie verwurzelt sie in unserer Erfahrung, unserem Körper, unserer Spiritualität, unserer Beziehung zur Erde, zum Leben hier und jetzt. Wir glauben auch, dass es verschiedene Ansätze des Theologieverständnisses bei den indigenen Völkern gibt, abhängig von den geografischen Gebieten, in denen wir leben und in denen wir unsere Kämpfe führen.

Comunidad de Teólogas Indígenas de Abya Yala, COTIAY

Heute arbeiten wir für die Stärkung der Vereinigung der indigenen Theologinnen von Abya Yala (Comunidad de Teólogas Indígenas de Abya Yala, COTIAY) in unserem geliebten Lateinamerika. Diese setzt sich zusammen aus Theologinnen der folgenden Völker: Aymara, Quechua, Kichua, Puruah, Náhuatl, Maya Quichè, Maya Kakchiquel, Qom, Kaigang und ist offen für Theologinnen aus anderen indigenen Völkern in Abya Yala (Lateinamerika) und Schwestern, die uns solidarisch verbunden sind. »Offen auch für mit der Sache der indigenen Frau solidarisch verbundene indigene Brüder, die bereit sind, der Stimme der lateinamerikanischen Frau zuzuhören, zu lernen und sie zu unterstützen. In diesem Kontext vereinen wir uns als COTIAY auf diesem ewig langen Weg, der für die Urvölker dieses Kontinents gegangen werden muss, wo die Jahrhunderte auf der Suche nach Humanisierung und der Begegnung mit dem, der die Quelle des Lebens ist, gespeichert sind. (*Palabra viva* 2009).

In unserer Gemeinschaft strengen wir uns an, um gemeinsam Theologie zu betreiben und sie zu verstehen, die biblische Hermeneutik und die Seelsorge, wobei wir unsere Weltanschauungen, unsere Kulturcodes und symbolische Ausdrucksweise einfließen lassen. Damit gehen wir das Risiko ein, in der Institution Kirche marginalisiert zu werden, und befürchten, zwischen die Fronten zu kommen zwischen den Werten von Jesus, der kämpfte und litt für eine Welt der Gleichheit, in der alle das Leben in Fülle leben können, und unseren Formen der Spiritualität, Mythen und Riten, die unser Leben erfrischen.

In dieser Gemeinschaft geht es auch darum, uns miteinander zu solidarisieren, uns zu begleiten, uns zu stärken und unser Leben mit seinen traurigen und fröhlichen Momenten, Träumen und Hoffnungen zu teilen, als indigene theologische Frauen. Da wir den Schmerz der Entwurzelung, den Kampf um unser Eigenes in uns tragen, geben wir unserer Weisheit und der Spiritualität unserer Vorfahren wieder Wert und stärken sie.

Heute verwandelt sich unser Kampf häufiger in eine Realität, wo sich das Leben von den Lebewesen trennt und wo durch die Wasserkraftwerke, den Bergbau und die Erdölförderung auf unserem Land die Quellen unseres Lebens kontaminiert werden, das Wasser, der Wald, die Fische, die Biodiversität. Gleichzeitig sehen wir uns mit der Tourismusindustrie konfrontiert, die mit den internationalen Unternehmen ins Land kommt und uns unsere Frauen als »exotische Objekte« raubt, um sie zu prostituieren und sie dem traurigsten Leben zu unterwerfen. Sie rauben unsere Samen, unsere Kultur und unsere Weisheit, um sie in Waren umzuwandeln und sie an den Meistbietenden zu verkaufen. Die Aufteilung und die Feindschaft zwischen dem Mann und der Frau zerstören auch die Fundamente der Zusammengehörigkeit und der Harmonie. Zu viel schlecht genutzte Technologie und die Priorität des Geldes gegenüber dem Leben lassen den Horizont vernebeln.

Obwohl dies so ist, können wir mit Bestimmtheit sagen, dass es notwendig ist, in unser Inneres zu reisen, zu unseren Wurzeln, unserer Spiritualität und Menschlichkeit. Dort finden wir, dass das *Buen Vivir* weiter in Kraft ist, es lebt noch, und wir haben es schon fast erreicht. Diese Gültigkeit ist unsere größte Stärke, Hoffnung und Angebot des Lebens an die Menschheit. Als Indigene ist dies die Quelle unseres Weges, unserer Theologie für eine solidarische Welt und ein Leben in Fülle.

Buen Vivir: Herausforderung für eine solidarische befreiende feministische indigene Theologie (Reflexion von Claudete)

Innere Reise: Dekolonisierungsprozess

Nach Kollegin Dina: »… es notwendig ist, in unser Inneres zu reisen, zu unseren Wurzeln, unserer Spiritualität und Menschlichkeit«. In das Innere zu reisen, hat mit einem Dekolonisierungsprozess zu tun, um die indigenen Wurzeln wiederzufinden. Dina kommt von den Quechua Völkern aus Peru. Das macht ihre Geschichte, ihre persönliche und kollektive Erinnerung aus. Und sie hat in ihrer inneren Reise ein wichtiges Prinzip gefunden: »Das Leben drehte sich rund um die Erde, von ihr ernährte man sich, kleidete sich; die fröhliche und gemeinsame Arbeit gab uns am Ende des Tages Zufriedenheit im Sinne (*Sumaq Kawsay*) des »*Buen Vivir*«.«

Und dann erzählt sie von ihrem Bildungsprozess durch europäische Missionare, die sie die Lehren aus der Kindheit vergessen machen wollten, ihr Leben mit den Geistern, die Spiritualität der Familie, die Weisheit der Vorfahren, die die Sterne beobachteten und die dann den Kindern die wichtigsten Dinge vor dem Schlafen erzählten. »… die religiöse Erziehung der europäischen Missionare beinhaltete die äußere Erneuerung des Körpers durch das Tragen unifarbener Kleidung, unsere schönen Zöpfe wurden abgeschnitten, und wir mussten jeden Tag aufs Neue den biblischen Lehren zuhören.«

Und wie kam es zu einer indigenen Theologie?

Nach Dina: »Heute sind wir dank unserer theologischen Ausbildung geprägt von zwei Strömungen: einer fundamentalistischen und einer liberalen. Indigene Brüder und Schwestern, die uns halfen, zu unserem Innersten zu reisen, erlaubten es uns, unseren Weg wieder aufzunehmen, auf dem uns Gott und Pachamama zum Leben verhalfen. Wir betreiben Theologie, und unser Verständnis der indigenen liberalen Theologie geht von dem interkulturellen Dialog aus.«

»Die indigene Theologie entwickelt sich nicht von einem Verständnis einer fremden oder abstrakten Realität her, sondern sie verwurzelt sie in unserer Erfahrung, unserem Körper, unserer Spiritualität, unserer Beziehung zur Erde, zum Leben hier und jetzt. Wir glauben auch, dass es verschiedene Ansätze des

Theologieverständnisses bei den indigenen Völkern gibt, abhängig von den geografischen Gebieten, in denen wir leben und in denen wir unsere Kämpfe führen.«

Dina betont: Die heiligen Schriften sind auch wichtig, die »die kulturellen Codes der Völker, die im historischen Prozess der Erlösung verwickelt waren, bewahren. Von dort aus kann man sich gleichermaßen über die Bedingungen jeder anderen Kultur austauschen, die Existenz der kulturellen Codes und anderer ähnlicher Elemente erlaubt es uns, eine Realität zu visualisieren, die sich von der unseren nicht sehr unterscheidet«. Die Bibel wird neu eingelesen, und der Ausganspunkt ist die Lebenserfahrung der indigenen Völker, und dann ist auch ein Austauschprozess möglich mit »anderen ähnlichen Elementen« und »erlaubt es uns, eine Realität zu visualisieren, die sich von der unseren nicht sehr unterscheidet«. Die Beziehung zur Erde, Territorium und zum Leben sind wichtige Themen.

Comunidad de Teólogas Indígenas de Abya Yala, COTIAY / Vereinigung der indigenen Theologinnen von Abya Yala

Teil der Comunidad de Teólogoas Indígenas de Abya Yala/COTIAY sind Theologinnen aus den folgenden Völkern: Aymara, Quechua, Kichua, Puruah, Náhuatl, Maya Quichè, Maya Kakchiquel, Qom, Kaigang und ist offen für Theologinnen aus anderen indigenen Völkern in Abya Yala (Lateinamerika) und Schwestern, die uns solidarisch verbunden sind. Offen auch für mit der Sache der indigenen Frau solidarisch verbundene indigene Brüder, die bereit sind, der Stimme der lateinamerikanischen Frau zuzuhören, zu lernen und sie zu unterstützen.

Es ist keine geschlossene Gruppe, sondern ist offen für Theologinnen und indigene Brüder, die sich mit der indigenen Frau solidarisch fühlen. Sie versuchen, gemeinsam Theologie zu betreiben und sie zu verstehen, die biblische Hermeneutik[19] und die Seelsorge, wobei sie ihre Weltanschauungen, Kulturcodes und symbolische Ausdrucksweise einfließen lassen. Nach Dina: »Damit gehen wir das Risiko ein, in der Institution Kirche marginalisiert zu werden, und be-

---

[19] Siehe dazu Dina Ludeña Cebrian, Amor y Resistencia Camino Necesario Hacia la Justicia y la Sanación de la Pachamama: Reflexión Bíblico-teológica en torno a RIZPÁ la mujer que fue más amorosa que Dios, in: esources.mennoniteusa.org/publications/en-el-camino/todo-lo-que-necesitas-es-amor/aprender-mas/amor-y-resistencia-camino-necesario-hacia-la-justicia-y-la-sanacion-de-la-pachamama/ (28.10.2014).

fürchten, zwischen die Fronten zu kommen zwischen den Werten von Jesus, der kämpfte und litt für eine Welt der Gleichheit, in der alle das Leben in Fülle leben können, und unseren Formen der Spiritualität, Mythen und Riten, die unser Leben erfrischen.« Also diese Form von Theologie zu betreiben, ist nicht ohne Konflikt mit der Kirche.

Comunidad de Teólogas Indígenas de Abya Yala ist auch ein Ort, wo die indigenen theologischen Frauen sich miteinander solidarisieren können, sie begleiten, sie stärken, das Leben, Träume und Hoffnungen miteinander teilen. Nach Dina: »Da wir den Schmerz der Entwurzelung, den Kampf um unser Eigenes in uns tragen, geben wir unserer Weisheit und der Spiritualität unserer Vorfahren wieder Wert und stärken sie.« Es ist ein Raum für *Empowerment* für die indigenen theologischen Frauen, wo die Weisheit und Spiritualität der Vorfahren wieder wichtig wird.

Die indigenen Frauen kämpfen gegen die Wasserkraftwerke, den Bergbau und die Erdölförderung, die in Lateinamerika die Quelle des Lebens (Wasser, Wald, Fische, die Biodiversität) kontaminieren. Sie sind auch mit der Tourismusindustrie konfrontiert, wo die Frauen als »exotische Objekte« ihres Lebens beraubt werden, um sie zu prostituieren, und sie werden dem traurigsten Leben unterworfen. Sie rauben nicht nur die Frauen. Sie rauben alles: Dina betont: »Sie rauben unsere Samen, unsere Kultur und unsere Weisheit, um sie in Waren umzuwandeln und sie an den Meistbietenden zu verkaufen. Die Aufteilung und die Feindschaft zwischen dem Mann und der Frau zerstören auch die Fundamente der Zusammengehörigkeit und der Harmonie. Zu viel schlecht genutzte Technologie und die Priorität des Geldes gegenüber dem Leben lassen den Horizont vernebeln.«

Wie kann man diese Situation der Ausbeutung und Unterdrückung überwinden?

Dina betont die Wichtigkeit der inneren Reisen, den Dekolonisierungsprozess: »Obwohl dies so ist, können wir mit Bestimmtheit sagen, dass es notwendig ist, in unser Inneres zu reisen, zu unseren Wurzeln, unserer Spiritualität und Menschlichkeit. Dort finden wir, dass das *Buen Vivir* weiter in Kraft ist, es lebt noch, und wir haben es schon fast erreicht. Diese Gültigkeit ist unsere größte Stärke, Hoffnung und Angebot des Lebens an die Menschheit. Als Indigene ist dies die Quelle unseres Wegs, unserer Theologie für eine solidarische Welt und ein Leben in Fülle. *Sumaq Sunqu*, es öffnet unsere Herzen und unseren Weg!«

Zusammenfassung

Es ist interessant zu bemerken, dass das Konzept »*Buen Vivir*« und seine Praktiken von den indigenen Völkern kommen. Indigene wurden in der lateinamerikanischen Geschichte gekreuzigt und getötet. Diese gekreuzigten Völker sind in einem Auferstehungsprozess. Nach Ellacuría: Die Bilder des Gekreuzigten in Lateinamerika sind Bilder, die einen Gott zeigen, der unterwegs in der Geschichte ist, d. h. unterwegs in Richtung der Auferstehung. Es geht auch um die Auferstehung des leidenden gekreuzigten Volkes Lateinamerikas.[20] Es ist ein Gott, der sich mitten im Leid erhebt – ein Gott, der für alle Menschen das Leben in Vollkommenheit anruft – für die unterschiedlichen Gruppen und Völker, in ihrer Vielfalt, wie auch für die ganze Schöpfung.

Buen Vivir bezeichnet ihre Weise, den Planeten zu bewohnen und sich mit ihm in Beziehung zu setzen. Wir verstehen es so, dass dieses Konzept »*Buen Vivir*« eine Theologie der Auferstehung[21] und eine Ethik der Beziehung mit Liebe und Gerechtigkeit zu Pachamama entwickelt.

In einem Auferstehungsprozess sind auch die indigenen Frauen. In einem Auferstehungsprozess zu sein bedeutet auch, sich in einem Dekolonisierungsprozess zu befinden. Die Herausforderung für die indigenen Frauen besteht darin, sich selbst als indigene Frauen anzuerkennen. Sie haben als Erbschaft eine tausendjährige Weisheit. Diese Weisheit bedeutet Respekt in Bezug auf die Pachamama/ die Erde und die Gemeinschaft (*Comunidade*).

Das bedeutet auch, dass ein interkultureller Dialog mit den verschiedenen indigenen Frauen in Lateinamerika geführt werden muss. Durch einen interkulturellen Dialog können sie zu einem interreligiösen Dialog kommen. Die indigenen Völker haben verschiedene Riten, Mythen, Feste, aber alle haben den gemeinsamen Respekt für die Erde/Pachamama. Die Comunidad de Teólogas Indí-

---

[20] Ignacio Ellacuría, El pueblo crucificado, in: Mysterium Liberationis: Conceptos fundamentales del la Teología de la Liberación. V. 2, Madrid 1990, 189–216.

[21] Claudia Jansen, Endlich lebendig: Die Kraft der Auferstehung erfahren, Freiburg im Breisgau 2013, 9–10. Sie reflektiert über die alltägliche Auferstehung. Nach der Autorin: »Ich bin auf der Suche nach einer Spiritualität, die mich im Alltag nährt, mich begleitet und unterstützt.«

genas de Abya Yala, COTIAY sind dabei, eine indigene feministische solidarische Theologie im Dialog mit ihrer eigenen Spiritualität, Respekt für sich selbst als Frauen (Kampf gegen Gewalt und für Frauenrechte), Recht der gesamten Natur und die christliche Tradition zu entwickeln. Die indigenen Frauen zeigen uns neue Möglichkeiten, andere Weisheiten, neue Weisen, Achtsamkeit für die Erde/Pachamama, Genuss des Lebens und Fröhlichkeit. Eine andere Theologie ist möglich, wo das Leben in Fülle *»Buen Vivir«* für alle Menschen und die Schöpfung der Ausgangspunkt ist, dadurch können wir Gott wieder und neu erfinden und begegnen!

(Dr. Claudete Beise Ulrich ist Professorin an der Faculdade Unida in Vitoria in Brasilien. Dina Ludeña Cebrian aus Peru ist Direktorin des Instituts für Interkulturelle Forschung und menschliche Entwicklung und ehrenamtlich im Bereich der Kapazitäten, wirtschaftlichen Förderung (*Economic Empowerment*) von und für Frauen und der Bewahrung der regionalen indigenen Sprachen tätig.)

ABSTRACT

The concept of *Buen Vivir* or *Vivir Bien*/good life is currently in the center of the Latin American debate. It is a particular contribution of indigenous peoples Abya Yala (American continent) for the whole world. And it is not only a legacy of the past, but also a challenge for our time. The text reflects in three parts: 1) Buen vivir: term and concept; 2) Theologian Dina Ludeña Cebrian from Peru describes her inner travel as a Christian theologian and the meaning and concept of *Buen Vivir*; 3) Challenge for solidarity liberating indigenous feminist theology. The indigenous women show us new possibilities, other wisdoms, new ways of mindfulness for the Earth/Pachamama. Another theology is possible where life in abundance, *»Buen Vivir«* for all people and creation is the starting point; we can meet God again and in a new way!

Hildegard of Bingen and Mirabai: A Comparative Reading of Women Mystics[1]

Atola Longkumer

»Comparative Theology Group will also be a forum in which attention to cultural and religious differences makes us notice and problematize standard historical priorities, and to bring to the fore concerns regarding gender, race/ethnicity, and socio-economic status. We will examine questions such as the kinds of theology produced by women and the institutional structures that have facilitated and/or hindered such production in a variety of world religious traditions.« (Comparative Theology Group, AAR).[2]

Introduction

»*Papst ehrt deutsche Ikone des Feminismus*« was the headline of the news on 5 October 2012 of the Hamburger Abendblatt. The »*deutsche Ikone des Feminismus*« (German icon of feminism) was the description of Hildegard of Bingen, the twelfth-century Benedictine abbess and German mystic. The Hamburger Abend-

---

[1] I express my gratitude to Prof. Ulrich Dehn for the gracious academic hospitality extended to me, to attend his doctoral seminar at Hamburg University during the winter semester of 2012. The present paper was presented there and received valuable comments from the participants of the seminar. I thank Prof. Dehn for the invitation to publish it in the present journal. Another encouragement came from a serendipitous meeting with Prof. Dr. Bagus Laksana, S. J., of Universitas Santana Dharma, Indonesia, an Asian comparative theologian, in November 2014, just as I was beginning to return to the paper to revise it for the publication. I am grateful to Prof. Laksana for sharing with me some important texts on comparative reading.

A word on resources: There is a growing collection of excellent scholarship on comparative theology, not least the prolific exposition on the theme by the contemporary comparative theologian Francis Clooney, S. J.; however, writing from a location in the global south, the limitations to access relevant resources remain a challenge.
[2] Quoted in Michelle Voss Roberts, Gendering Comparative Theology, in: Francis X. Clooney (ed.), The New Comparative Theology: Voices from the Younger Generation, New York 2010, 114.

blatt was announcing important cultural news: the honour long due to Hildegard of Bingen for her theological and prophetic contributions to the church given 780 years later. Pope Benedict XVI named Hildegard of Bingen a Doctor of the Church in October 2012.[3] Hildegard of Bingen continues to evoke interest among a wide spectrum, from feminism to New Age-spirituality to herbal medicine. A plethora of engagement representing both commercialised spirituality and profound academic interest exists. If Hildegard of Bingen is famous for various reasons in the Christian-Western tradition, Mirabai occupies an almost parallel status as a popular figure of women spirituality within the genre of the Indian bhakti movement.[4]

While these two individuals represent hugely diverse contexts, a comparative reading of these two women mystics might be a fruitful exercise in interreligious conversation. A fundamental rationale undergirding this comparative reading of two diverse women mystics is a belief in shared commonalities despite differences, at least at some rudimentary levels if not in elaborate details. In other words, the burden of the paper is to highlight similar features and typologies in completely different traditions, which might perhaps bring the diverse traditions to fruitful conversation about themselves and the world they share. In addition, the differences between the two religious women representing different religions may also yield pointers of value to aid interreligious dialogue between diverse religions drawing from experiences of the lived religiosity of the devout adherents.

Furthermore, apart from the objective of a seeming naivety to pursue comparison as mode of reading between cultures (understandably, to some, a naivety in today's context of heightened diversities and fragmentations), another reason to engage in comparative reading springs from the position that postmodernism, left to its own devices of celebrating differences and fragmentation without universal values and commonalties, poses the peril of isolation of the different many units of »others« without shared visions of living together as human community. This potentiality of isolated and fragmented communities is made more real by the modern phenomenon of migration of people of different religio-cultural tra-

---

[3] See www.vatican.va/holy_father/benedict_xvi/apost_letters/documents/hf_ben-xvi_apl_20121007_ildegarda-bigden_en.html (21 November 2014).

[4] Bhakti here is understood as the devotional spirituality, characterized by intense participation with a personal ishta deva (chosen god). There are arguments developed recently that see bhakti as a construct of the West in search for a parallel in India to fit into the template of religion as defined by Christianity. See Krishna Sharma, Bhakti and the Bhakti Movement: A New Perspective, New Delhi 1987.

ditions that are brought closer to one another as never before. As much as en-
forced homogenization and meta-narratives tend to obliteration, fragmentation
and isolation strike at the root of a fundamental commonality as human beings.
The different others need to converse with each other at least to know their differences, if not to discover that there is a common trajectory even if manifested
and expressed differently. Kimberley Patton and Benjamin Ray underline the
value of comparative studies that might »highlight a re-envisioned potential for
comparative study and gain intellectual insights«.[5] The emerging area of comparative theology, as articulated by Francis X. Clooney, S. J., provides another
inspiration to indulge in the comparative reading of the two women mystics.
Amidst diversity and a growing coming together of multiple identities, comparative theology is an exercise to take the other seriously and have a learning experience, which is »sought for the sake of fresh theological insights that are indebted
to the newly encountered tradition/s as well as the home tradition«.[6]

Given the recent developments among some sections of the two religious traditions, Hindu tradition and Christianity in India, it might be an opportune time
to gaze back in time, beyond cultural boundaries and look for common typologies in human efforts to understand, experience and express the knowledge of the
sacred, a gaze that might reveal the commonality of being awed by the divine. An
exercise in comparative reading of the two women mystics might be fruitful in
enhancing one another's religious experience. A comparative reading of the two
women mystics within different religious traditions also illustrates a commonality of being women, within religions, as Michelle Voss Roberts points out about
women being made »marginal subjects when the highest religious paths in their
traditions are designed for men«.[7]

Admittedly, the subject of comparison is not a novel persuasion; in fact, comparative study of religion is arguably as old as the study of religion. Clooney
notes: »interreligious and comparative learning has always been an inescapable
dimension in the life of every religious community«[8] and reviews the ancestors
of comparative reading of religious phenomena and texts, tracing it from early
Christianity to the missionary period of Western Christianity and contemporary

---

[5] Kimberley C. Patton/Benjamin C. Ray (eds.), A Magic Still Dwells: Comparative Religion in the Postmo-
   dern Age, Berkeley/London 2000, 4.
[6] Francis X. Clooney, S. J., Comparative Theology: Deep Learning Across Religious Borders, Oxford 2010,
   4, 10.
[7] Voss Roberts, Gendering Comparative Theology, 110.
[8] Clooney, Comparative Theology, 24.

theologians who employ comparative reading, such as David Tracy, Keith Ward, and Robert Neville.[9] The justification for the present paper remains in the rationale that a revisiting, relocating of conversation between diverse traditions might be revealing yet again. While comparative analysis in general is not new, a comparative reading of two women mystics – in particular Hildegard of Bingen of medieval Christianity and Mirabai of the bhakti tradition in the Brahmanical religious traditions – is an area that has not received prior attention.

Hildegard of Bingen (1098–1179)

Within the history of the Christian religion, Hildegard of Bingen occupies a prominent place as a remarkable woman, gifted with multiple talents, a writer, mystic, abbess, capable administrator, and founder of a convent. Hildegard is most prominently known within the genre of medieval mysticism. A study on medieval Christian mysticism would be incomplete without including Hildegard of Bingen and her contribution as a mystic. However, Hildegard of Bingen is more than a mystic, as Barbara Newman writes:

> Hildegard is the only woman of her age to be accepted as an authoritative voice on Christian doctrine; the first woman who received express permission from the pope to write theological books; the only medieval woman who preached openly before mixed audiences of clergy and laity with full approval of church authority; the author of the first known morality play, and the only 12th century playwright who is not anonymous; the only composer of her era known both by name and by a large corpus of surviving music; the first scientific writer to discuss sexuality and gynecology from a female perspective; and the first saint, whose official biography includes a first person memoir.[10]

Apart from the details provided in the *Vita Sanctae Hildegardis* (Life of St Hildegard) by Godfrey, the provost of the Rupertsberg nunnery and Hildegard's secretary, little is known about her early life.[11] Hildegard was born into a noble German family in 1098, to Hildebert and Mechthilde.[12] She was the tenth child of her

---

[9] Ibid. 42ff.
[10] Barbara Newman, Sibyl of the Rhine: Hildegard's life and time, in: Idem (ed.), Voice of the Living Light: Hildegard of Bingen and her World, Berkeley 1998, 1.
[11] Sabina Flanagan, Hildegard of Bingen: A Visionary Life, London 1989, 1; Newman, Sibyl of the Rhine, 3.
[12] For more elaborate and latest biographical details of Hildegard see Rainer Brendt, S. J., Hildegard von Bingen: Heilige und Kirchenlehrerin, Bonn 2012.

parents and was known to be a sickly child. It is recorded that her parents dedicated Hildegard to the service of the church at birth. The reasons given for this
»dedication« range from financial burden on the parents, tactical political alliance, and custom of the day. Another probable reason could be the fact that
Hildegard experienced visions at an early age.[13]

Since Hildegard was dedicated to the service of the church, she was sent to live
with a woman recluse named Jutta to acquire religious education under her tutelage at the early age of eight. A word about Jutta must be mentioned. She was a
daughter of a count under whom Hildegard's father served as a knight. Jutta was
a well-known anchoress who resided in the vicinity of the Benedictine monastery
at Disibodenberg. Jutta's fame as an anchoress attracted followers from noble
families like Hildegard's who sent their daughters to Jutta to receive religious
education from her.[14] In such a setting of an isolated anchorage, the education
imparted would have been very rudimentary with more emphasis on matters
pertaining to the spiritual realms. By all accounts this kind of education was not
formal and would not make one learned in the skills and art of being articulate
with linguistic skills and sophistication. Hildegard therefore remained unlearned
and was reportedly self-conscious of her lack of formal education.[15] Neverthe-
less, her predicament of being unlearned did not deter her. She went on to become
one of the most prolific women writers of the medieval period writing her visions
and expositions on various topics with the help of an assistant. Flanagan states
that given the context of the medieval period in which women hardly wrote
»Hildegard's written works not only surpassed those of most of her male contem-
poraries in the range of their subject matter (from natural history, medicine, and
cosmology, to music, poetry and theology), but also outshone them in visionary
beauty and intellectual power«.[16]

It is told that around anchoress Jutta a nunnery of the Benedictine Order grew.
After Jutta's death in 1136, Hildegard was made prioress, the leader of the nuns.
However, not surprisingly, the authoritative power rested with the abbot of St
Disibod, the Benedictine monastery.

While she was under Jutta's tutelage, Hildegard continued to have her visionary experiences, which were known to Jutta and the monk Volmar, who later

---

[13] Flanagan, Hildegard of Bingen, 4.
[14] Ibid. 3.
[15] Ibid.
[16] Ibid. ix-x.

became Hildegard's teacher and assistant. According to Flanagan, the definitive moment of her recognition came in 1141, as she experienced extraordinary visions of the heavens bestowing upon her understanding of her faith. This particular incident is recorded in her first major visionary work *Scivias*:

> »And it came to pass in the eleven hundred and forty-first year of the incarnation of Jesus Christ, Son of God, when I was forty-two years and seven months old, that the heavens were opened and a blinding light of exceptional brilliance flowed through my entire brain. And so it kindled my whole heart and breast like a flame, not burning but warming ... and suddenly, I understood the meaning of the expositions of the books, that is to say of the psalter, the evangelists, and other catholic books of the Old and the New Testaments.«[17]

Despite the fact that she had received visions since her childhood, Hildegard did not consider the experience to be of importance to her as a child and was unsure of herself and her experience of seeing the visions as anything worthwhile. As she wrote,

> »[b]ut although I heard and saw these things, because of doubt and a low opinion (of myself) and because of diverse sayings of men, I refused for a long time the call to write, not out of stubbornness but out of humility, until weighed down by the scourge of God, I fell onto a bed of sickness«.[18]

Hildegard understood the physical ailment as a way of communication from God, the source of the visions, to write down the visions. Apparently Volmar the abbot also encouraged Hildegard to write down her visions. Confirmed by the divine sign and encouraged by her superior, Hildegard began to write down her visions which eventually became her signature work titled *Scivias*. Newman opines that Hildegard began to write her visions not so much »to relate her personal subjective experience of God, but rather to teach faith and morals on the authority of this experience (mystical visions) which her works everywhere presuppose but seldom elaborate«.[19] The visionary experiences, unique to her, provided her credentials as a woman of spiritual ability and writer for the community. Archbishop Henry of Mainz was informed of Hildegard's work, and through him Pope Eu-

---

[17] Quoted in Flanagan, Hildegard of Bingen, 4.
[18] Ibid. 4.
[19] Barbara Newman, Hildegard of Bingen: Visions and Validation, in: Church History 54, No. 2. (1985), 164.

genius (1145–1153) came to hear about it at a synod at Trier and, after further inquiry, was satisfied of the authenticity of Hildegard's visions.[20]

Hildegard's written work is voluminous, covering diverse subjects. She is most known for her visions recorded in the *Scivias* (»know the ways«). The *Scivias* is the descriptive writing of the visions Hildegard received and their interpretation. The *Scivias* was completed in 1151. The *Scivias* reports 25 visions in total, which narrate the salvation history of humanity with rich poetic metaphors and neologism.[21] Other important works of Hildegard are *Liber vitae meritorum* (Book of Life's Merit), *De operatione Dei* (Of God's Activities), *Liber divinorum operum* (Book of Divine Works).

Apart from her writings Hildegard is also known as a passionate and prolific correspondent[22] and an itinerant preacher, travelling the region of Kirchheim and Swabia. A significant development took place as her popularity spread; there was the need to expand, and Hildegard moved out of the nunnery attached to the monastery of St Disibod to found her own convent with a number of nuns. In the year 1150 Hildegard founded an independent cloister named St Rupertsberg at Bingen on the Rhine. This move from Disibod to establish her own monastery was not without opposition from the abbot and the monks, as Hildegard wrote later, »they were amazed and they conspired together to prevent and thwart us. They also said that I was deceived by some illusion«.[23]

Hildegard of Bingen was also known to have the talents of a mediator and exorcist of evil spirits. It is recorded that she helped settle troubles at monasteries during her travels in the regions. The vita (biography of Hildegard prepared later by the church on applying for canonization) of Hildegard mentions a woman harassed by evil spirits for eight years who was released from the grasp of the evils by Hildegard.[24]

It is apparent that Hildegard was actively involved in the religious community beyond the immediate activities of the nunnery. Her activities were varied: preaching, writing letters of advice, visiting monasteries, exorcising and healing. As a medieval woman, the credibility to function as a leader at different levels needed an authority, which for Hildegard came from the fact that through her

---

[20] Flanagan, Hildegard of Bingen, 5.
[21] Sarah L. Higley, Hildegard of Bingen's Unknown Language: An Edition, Translation and Discussion, New York 2007, 14.
[22] Ibid. 15.
[23] Ibid. 6.
[24] Ibid. 9.

visions she had privileged access to the »*secreta dei*«, the secrets of God.[25] For possessing all these uncharacteristic talents and spiritual authority of a medieval woman, Hildegard of Bingen has attracted much interest and received the long overdue recognition by the church in the second decade of the twenty-first century.

Mirabai

Mirabai is known as »India's most famous medieval woman saint«, a devotee of the Krsna incarnation of the god Vishnu. There is little historical consensus on the scant details of Mirabai's life.[26] Nationalists and historians in India provide a patriotic and historical reading of Mirabai as a brave Rajput princess. Popular culture of the late twentieth century, such as cinema and music contributed to popularising Mirabai as a famous woman of Hindu spirituality and cultural heritage of India. Nancy Martin presents a succinct description of Mirabai's popularity in various areas ranging from social empowerment of castes to spiritual symbol to artistic imaginations as she writes:

> »the sixteenth-century Hindu saint Mirabai is both a quintessential artist herself – poet, singer, and dancer – lives on in a full range of artistic forms, her story told and retold in hagiography and history, drama and epic, fiction and film and her poetry not only performed in every conceivable musical style but also continuing to generate new poems and songs composed in her name. Something about this irrepressible woman has caught people's imagination, people who have found in her inspiration and hope but also multiple points of identification – women struggling to overcome social and familial expectations; low-caste communities facing oppression and degradation; nationalists seeking independence from colonial domination; star crossed human lovers and would-be lovers of God; spiritual men and women trying to live against the grain of worldly notions of power, wealth, and success; and others seeking to be true to their hearts and to follow their passions.«[27]

---

[25] Ibid. 15.

[26] John Stratton Hawley, Three Bhakti Voices: Mirabai, Surdas, and Kabir in Their Time and Ours, New York 2005; Mirabai in the Academy and the Politics of Identity, in: Faces of the Feminine from Ancient, Medieval and Modern India, ed. by Mandakranta Bose, New York 2000.

[27] Nancy M. Martin, Mirabai comes to America: The Translation and Transformation of a Saint, in: Journal of Hindu Studies, 2010: 3, 12–35.

The popularisation of Mirabai in the twentieth century began with the orientalists' work of discovery and their search for equivalents of their own religio-cultural backdrop. Martin provides a helpful review of the orientalists' contribution to the historicity of Mirabai, beginning with James Todd's *Annals and Antiquities of Rajasthan (1829–32)*.[28] Andrew Schelling lists a seventeen-century hagiography of accounts of north India bhakti titled *Bhaktamala* of Nabhadas as an original source for Mirabai's biography profile.[29] Stratton also surmises that the *Bhakatamal* (*Bhaktamala*) composed by Nabhaji (Nabhadas) in the seventeenth century could be the oldest hagiography of saints and poets in Hindi.[30]

Another significant text that reified the historicity of Mirabai is the text on Mirabai by a twentieth-century German orientalist: Hermann Goetz, the pioneer of the museum movement in India and the first director of the National Gallery of Modern Art, New Delhi.[31] Despite the scant historical facts, a consensus seems to prevail on the fact that Mirabai was a North Indian Rajput princess who was widowed early in married life and wrote many *padas* (devotional songs) which brought her fame as a devotee and mystic of medieval Indian religiosity. According to the entry in the *Encyclopaedia of Religion*, Mirabai was married off for political alliance to Prince Bhoj Raj, became a widow who refused to follow the custom of burning herself in the funeral pyre of her husband. This act of defiance shocked the family and, adding insult to injury, Mirabai did not worship the family deity of Durga or Kali. Mirabai did not follow the traditional cultural norms for a widowed princess and immersed herself in the worship of Krsna as her personal deity. Perhaps due to her defiance Mirabai was tortured which made her leave her marital home to wander around, spending time in the temple, singing and dancing in front of Krsna's idol. Mirabai is said to have described herself as the »bride« of Krsna.[32] Legend has it that Mirabai's body was physically melted into the idol of Krsna, thus merging herself with him. Brahmins were sent by her family to fetch Mirabai from the temple; before leaving Mirabai went to bid goodbye to the idol of Krsna. It is reported that upon completion of her adoration

---

[28] Ibid. 16.
[29] Andrew Schelling (ed.), The Oxford Anthology of Bhakti Literature, New Delhi 2011, 137.
[30] John Stratton Hawley, The Music in Faith and Morality, in: Journal of the American Academy of Religion, Vol. LII, No. 22, 251.
[31] Hermann Goetz, Mira Bai: Her life and time, New Delhi 1966.
[32] Mircea Eliade, Encyclopaedia of Religion, Vol. 9, New York 10th printing 1987, 540–541. See also Usha S. Nilsson, Mirabai, New Delhi 1969.

of Krsna, the idol of Krsna opened and Mirabai »leaped into the fissure and was never seen again«.[33]

Mirabai belongs to the Hindu spirituality that is known as bhakti, meaning devotion or loving devotion. Bhakti is characterized by a religiosity of intense devotion to god, forming a deep relationship. John Stratton Hawley clarifies that bhakti is not limited to a sense of measure of veneration, but an active participation, hence bhakti engenders an intense relationship between the devotee and the *ishta deva*, the desired god.[34]

Mirabai is known for her intense emotional *padas* (devotional songs), which are popular in Rajasthan, the Hindi belt, and Gujarati. The exact numbers of the *padas* written by Mirabai are not known because Mirabai did not credit herself as the author of the *padas*, perhaps as an expression of selflessness, and therefore the authorship of the *padas* has been uncertain. Yet more or less, there is a consensus among scholars that more than 300 devotional *padas* were composed by Mirabai.[35] The *padas* were written in Rajasthani and Braj and later translated into Gujarati and Hindi. The *padas* were handed down orally until later collection, which is one reason that different versions of the *padas* exist.

The central theme of Mirabai's *padas* is »Love for Krsna« which was expressed through an intense emotional first-person voice filled with the agony of separation from her divine Lord. They express Mirabai's oneness with Krsna through the language of love. It is the emotion of amorous love that Mirabai employs to commune with Krsna.[36] The following verses are some samplings of the *padas* of Mirabai to Krsna:

>»Where shall I go, with my lost love, Krsna, if you forsake me? As a perch for a bird a pond for a fish plants for a hill the moon for the partridge so are you, Lover, for me. As the string holds the pearl so you hold me you are the gold I'm its dross I am your slave you are Braja's Lord.«

>»Friend, my heart is steeped in Krsna's love, I wore a robe of five colours and went to play hide-and-seek, I saw my Dark Lover there and gave him my body for keeps. Others send letters to declare their love: but my Lover's is in my heart, what need have I to go anywhere?«

>»How can I stay in my home without seeing Krsna? Friend I can't live without Krsna«»I'm stuck on Krsna; my people frown, but I adore his pea-

---

[33] John Nicol Farquhar, Crown of Hinduism, London 1913, 319, footnote 3.
[34] Stratton Hawley, The Music in Faith and Morality, 244.
[35] http:/womenshistory.about.com/od/hinduismandwomen/p/mirabai.htm (14 November 2014).
[36] Krishna P. Bahadur, Mira Bai and Her Padas, Delhi 2002, 31.

cock-feathered crown, his endearing prankishness: they make me restless for him. People say I've strayed from the rightful path; ah! no, I pay obeisance to that Lord who is the All-knowing and dwells in every heart.«

»Friend, I dreamt I married Krsna, there were five hundred and sixty million men in the marriage procession, and Krsna at its head festoons decked the gay pavilion. He took my hand in his making me his bride. It's only because of my good works, friend, in the past lives that I could even in a dream become Krsna's wife.«

»Men ask me to keep away from Krsna but how can I he's my love, my life. I delight in the assembly of sadhus, there I chant Krsna's name undisturbed therefore I turn away from the world. I've surrendered to him body, mind and wealth and for his sake I cheerfully bear all taunts and slurs My Lord is the imperishable Hari and I've cast myself at his feet.«[37]

The theme of intense love for Krsna as expressed in her *padas* is interpreted as a complex relationship with the existing patriarchy, in that – while Mirabai is said to assert independence and resistance to the chosen husband by her dissent – she also submits to servitude to the male-divine. Therefore it is not merely intensely spiritual love, but an internalized femininity of submission to a male.[38] Another important point noteworthy in understanding Mirabai in her bhakti spirituality is the historical period of the sixteenth century which was a century of turmoil and uncertainty for the region to which Mirabai's lineage is traced. With the invasion of the Moghul rulers beginning with Babur, the region went through tumultuous upheavals, not least for the royal and noble households.[39]

Mirabai burst into the scene of religious fervour characterized by intense emotionalism and devotionalism often described as the bhakti movement or phenomenon within the evolving Brahmanical religion of Hindu religion. Bhakti religiosity was characterized by belief in a personal god, which was expressed in emotional, personalised religiosity. There is the school of thought that asserts that the bhakti strand of religiosity in Hinduism was a response to the other prevailing religious expressions, such as Buddhism, Sufism and a social protest movement as well against the Brahmanical dominance of the society. Mirabai is considered an example of the bhakti movement in medieval Hindu religion.

---

[37] Ibid. 44, 45, 59, 65.
[38] See Kumkum Sangari, Mirabai and the Spiritual Economy of Bhakti, in: EPW, Vol. 25, No. 27, July 7, 1990, 1464–1475.
[39] Ibid.

Comparative Reading of Hildegard of Bingen and Mirabai

With these preliminary introductions of Hildegard and Mirabai, this section will attempt to provide the comparative reading of the two women mystics. As noted earlier, the present essay is rather tentative and rudimentary, constrained both by time and limitations of resources. While it is in a nascent stage, the comparative reading of the two women mystics promises to be stimulating and fruitful to the emerging area of comparative theology in general and to the question of women in religions and its various cognates in particular. Since it is a rather preliminary exploration into the possibility of deeper comparative reading, the present paper will highlight four circumstantial aspects shared by Hildegard and Mirabai. But at this stage the paper will not delve into a deep engagement of the rich texts available of the two, apart from identifying the broad theme of the text: the poetic and the ecstatic. Further, these shared features would perhaps also provide insights into the relationship between the religions, especially in the context of India where there is apparently a tacit re-surgence of religious conservatism and cultural fundamentalism. The four circumstantial features apparently shared by Hildegard and Mirabai are: their location as females in the complex web of patriarchal religio-cultural structures; their characteristic spirituality marked by mystical experiences; their use of the female body to express their relationship with God; and their discovery by the popular imagination as part of the post-secular spirituality that embraces muted, silent and marginal figures such as women in world religions.

The AAR Comparative Theology Group takes cognizance of the differences as well as the marginalisation of gender within world religious traditions. Drawing from this recognition and statement to »examine questions such as the kinds of theology produced by women and the institutional structures that have facilitated and/or hindered such production in a variety of world religious traditions«, the comparative reading of Hildegard and Mirabai identifies their social location as female in entrenched patriarchy as well as androcentric religions. Despite their marginality, both of them find their voices, independence and freedom from the socio-religious structures. While both Hildegard and Mirabai as women religious figures are set in completely different milieus, their experiences as women within male-dominated societies bear semblance to each other.

Both Hildegard and Mirabai fit into the conceptual framework of »marginal subjects« Voss Roberts underlines for women mystics in paths of religious experience meant for men.[40]

Both Hildegard and Mirabai had to resist the obstacles and opposition of the male members as they realise their individual desires to pursue their spiritual quest. Mirabai went through humiliation and torture after she rebelled against the norms of the day, to burn herself in the funeral pyre of her dead husband. The following excerpts from the *Bhaktamala*: »Mira shattered the manacles of civility, family and shame ... independent, unutterably fearless, she sang her delight for an amorous god. Scoundrels considerd her treacherous and ventured to kill her.«[41] Hildegard, on the other hand, faced resistance when she wanted to strike out on her own and start a nunnery. For a certain period, the deciding authority was a male figure, the abbot of St Disibod monastery. The established institutions remained their hurdle because the established institution was the domain of the male members.

It is apparent that both Hildegard and Mirabai blossomed as individuals in the privatized religiosity of mysticism or bhakti tradition. It has been analysed that experience that does not require institution such as mysticism has been a site for struggle, identity and power for those on the margins and the discriminated as in the case of mysticism in medieval Christianity, wherein a number of female mystics found space and identity to express their individuality.[42] Established traditions and practices in androcentric religions often exclude women from participating, keep women ignored and silenced. Significantly, women along with other marginal groups have in common the marginality in institution formation as well, as in the case of colonial writing of India. This marginality is challenged and negotiated by participating in radical, aesthetic ways, as the Meera tradition signifies, a noninstitutionalized form of dissent. There are no sects, temples, monastic orders, resting places, or educational establishments in her name. The only devices employed are the devotional singing, narratives, poetics, and performances.[43] Without essentialising, the emotive dimension of religiosity provides more fluidity and flexibility, making it possible for females in patriarchal cultures and religions to experience the divine unmediated by a male and enables the

[40] Voss Roberts, Gendering Comparative Theology, 110.
[41] Quoted in Schelling, The Oxford Anthology of Bhakti Literature, 137.
[42] Richard King draws from Julia Irigaray's thoughts to highlight that mysticism »is the only place in the history of the West in which a woman speaks and acts so publicly« during the medieval period. See Richard King, Orientalism and Religion: Postcolonial Theory, India and ›the Mystic East‹, London/New York 1999, 19.
[43] Rashmi Bhatnagar/Renu Dube et al., Meera's Medieval Lyric Poetry in Post-Colonial India: The Rhetorics of Women's Writing in Dialect as a Secular Practice of Subaltern Coauthorship and Dissent, in: boundary 2, Vol. 31, No. 3, 2004, 5.

women mystics to express their experience of the divine without constraints of constructed androcentric religious rituals and stipulations.

Another area of comparison that can be found between Hildegard and Mirabai is their employment of their gender in their experience and expression of the divine that was described in male terms. Mirabai expressed herself as the »spouse« of her lover Krsna, while Hildegard employed the female imagery to reclaim the immediacy and relevance of the female in relation to the divine. It is held that Hildegard is one of the first theologians to engage in a radical re-reading of the place of the female in the salvation of humanity. Hildegard articulated theology of incarnation as located in the women's body. Hildegard identified the image of God with the body, which was associated with the female. This assertation carried with it serious implications. Hildegard argued that since in incarnation God took human body, which was identified with woman, God, therefore came closest to the woman body. Woman's association with the body tied her more closely to the incarnation than man. Taken this argument the mother of humanity was Eve, and Mary was the mother of God incarnate, »therefore, from its very beginning humanity was dependent upon woman and for recreation through divine humanity in Christ, humanity was dependent again on woman. Only woman could give to human beings their participation in the divine image«.[44] Locating their spirituality upon their adoration and relationship with the sacred as expressed by Hildegard and Mirabai fits into the template of women spirituality as articulated by Caroline Walker Bynum. Since women were excluded from the established priesthood and clerical tasks, the alternative means to access the sacred, the ecstatic mystical union emerged as a medium.[45]

Both Hildegard and Mirabai demonstrate a general typology associated with female mystics, that is, experiencing and expressing their relationship with the divine with bodily function and roles. This aspect of »somatizing« experience has been used to minimise the worth of profoundness of women mystics. However, scholars like Richard King have argued that female mystics somatized their experience because the women were denied formal scholastic education, exclud-

---

[44] Kristen E. Kvam/Linda S. Schearing et al., Eve and Adam: Jewish, Christian, and Muslim Readings on Genesis and Gender, Bloomington 1999, 171. See also Higley, Hildegard of Bingen's Unknown Language, 19, wherein feminine metaphors such as fertility, greenness, fruitfulness are employed to express relationship between creation and God.
[45] Caroline Walker Bynum, Women Mystics and Eucharistic Devotion in the Thirteenth Century, in: Margaret Lock/Judith Farquhar (eds.), Beyond the Body Proper: Reading the Anthropology of Material Life, Durham 2007, 208.

ing them from theological learning places. Therefore the female mystics primary means of experiencing the divine and expressing it was channelled through intense somatic and visionary experiences.[46]

The global popularity of Hildegard and Mirabai as credible and influential women within their own religious community in the post-secular, globalized world is another feature shared by them. The feminist movement that provided the clarion call to discover women in religions and history has contributed largely to the rise of popularity of Hildegard and Mirabai. The call to excavate and identify women's participation, wisdom, experience and writings has given nurturing impulses to reclaim women and their muted voices in the twentieth century. Within this movement of discovering women in religious traditions, Hildegard and Mirabai have caught the imagination of the people because of the extraordinary circumstances surrounding their individuality as well as the nature of their repertoire of resources: poems, devotional hymn, visions, unhampered by structured canon or institutional ideology.

Conclusion

The growing diversity along with resistant forces of religio-cultural fundamentalism in the world today calls for a renewed engagement between religious traditions and delving into the reservoir of their wisdom and histories to learn from one another about the divine and humanity's experience of the divine. In this effort it will be helpful to connect these two »rebel« women mystics who crossed boundaries and limitations set by their socio-religious contexts to claim their individuality with the contemporary challenges faced by women. This is best described by Lisa M. Bitel in the following words: »[t]he issues of women's rights, women's equality, and women's voices still concern us since they are still more or less curtailed in almost every society on earth, but we do not all believe that our history can teach us how to dismantle the patriarchy. We do not even all agree that women's rights are curtailed, that patriarchy exists, or that women should have what men have, think what they think, or act as they do.«[47] We have come a long way from the medieval period, and we have achieved much making

---

[46] King, Orientalism and Religion, 19.
[47] Lisa M. Bitel, Cambridge Medieval Textbooks: Women in Early Medieval Europe 400–1100, Cambridge 2002, 295.

progress in almost every sphere of life. The experience of women and their expression as individuals equal to every member of the society is recognised and allotted, yet allotment is one thing, and putting into practice is quite another thing, particularly in Indian contexts. Hildegard and Mirabai can rightly be described as *icons of feminism*; they were independent individuals who resisted the patriarchal dominance and expectations of the culture they lived in, leaving rich traditions that continue to nourish adherents of religions. Hence, perhaps, this comparative reading, albeit tentative, provides a locus to converse with each other on issues that pertain to all humans of diverse cultures and traditions. Such an exercise of comparison brings the diverse cultures facing common issues such as exclusion and the struggle of women into »one single conversation«[48] and engenders mutual empathy and enables to cross boundaries by these comparative readings.[49]

---

[48] Patton/Ray, A Magic Still Dwells, 5.
[49] Francis X. Clooney, S. J., Passionate Comparison: The Intensification of Affect in Interreligious Reading of Hindu and Christian Texts, in: Harvard Theological Review, 98:4 (2005), 367–90.

Saved But Not Safe
A Parish Discussion on the Absence of Safety in the Church

A Case Study of Kabuku Parish Church

Esther Mombo and Heleen Joziasse

Among the issues that continue to rock society are those of violence. Communities and institutions training men and women for ministry continue to be faced with this and at times find it hard to deal with. The background of this paper is a survey that was carried out among female staff members of theological schools in Sub-Sahara Africa, and more than half of the respondents (57 %) observed that the Bible was used to support violence against women. At the same time 43 % of the respondents stated that the church was not a safe place for women to look for help against domestic violence, rape and abuse.[1] Why would this be in communities that confess to be Christian? In John 10:10 Jesus says, ›I came that they may have life, and have it abundantly.‹ How then do women in places where they do not feel safe connect salvation and safety?

In this paper we examined the views of women and men in a local Christian community on the connection between being saved and being safe. We concluded that in the theology of salvation as taught in the churches the notion of safety as part of salvation was not visualized. There was a disconnect between being saved and being safe in a church community. We concluded that there was a need to materialize and relationalize the meaning of salvation to make the church a safe place for women and men.

---

[1] See H. Jurgen Hendriks, HIV&AIDS, curricula and gender realities, in: Idem/Elna Mouton et al. (eds.), Men in the pulpit, women in the pews? Addressing gender inequality in Africa, Stellenbosch 2012, 48.

1. Wholeness and the research in Kabuku

In her book *Introduction to African Women's Theology* Mercy Amba Oduyoye emphasizes that in African women's Christology there is no distinction between salvation and liberation, or, as quoted by Susan Rakoczy: »To be saved is to be free; to be free is to experience the saving work of Christ. In the holistic African view of life ›Jesus is experienced as responding to the totality of life.‹«[2]

Other women theologians underline this biblical notion of holistic salvation. Nasimiyu, for instance, writes:

> The African woman's experience calls for a Christology that is based on a holistic view of life. She needs the Christ who affects the whole of her life, whose presence is felt in every corner of the village and who participates in everything and everybody's daily life. ... This God, the Christ, is the one who takes on the conditions of the African woman – the conditions of weakness, misery, injustice and oppression.[3]

Having noted this emphasis on wholeness – which is apparently longed for but not present – this paper seeks to analyze the views and experiences of women and men in a local parish, exploring the link between salvation and being safe.

The research for this paper was conducted in St. John's Anglican Church in Kabuku, Kenya, and we were supported by students who spoke the local language.[4] This parish was the site of previous research on Christology,[5] and so the women of the parish were already familiar with research meetings, although this time the research also included men.

Kabuku is a rural community approximately 30 kilometres from Nairobi. All members of this church belong to the Kikuyu ethnic community and speak and

---

[2] See Susan Rakoczy IHM, Jesus the Christ: Can a Male Saviour Save Women?, in: In Her Name. Women Doing Theology, Pietermaritzburg 2004, 118. See also Mercy Amba Oduyoye, Introducing African Women's Theology, Sheffield 2001, 64.

[3] Anne Nasimiyu-Wasike, Christology and an African Woman's Experience, in: Jesus in African Christianity, Nairobi 2003, 130.

[4] The research was done on 10 February 2013 by a team from St. Paul's University, and, apart from the authors of this paper, there were two male and three female students from St. Paul's assisting us who speak Kikuyu fluently: John Kibicho, David Kariuki, Fridah Kaimuri, Rachel W. Ruoro and Grace Wangechi. In a preparational meeting they were informed about the topic, the methods and the goals of this meeting. The sermons in the morning were conducted by Canon Gideon Byamugisha, a visiting scholar from Uganda, who also joined the men's group discussion later on.

[5] On 9 November 2011 we visited this parish for the first time, and we discussed their views about Jesus. The outcomes are to be published in Esther Mombo/Heleen Joziasse, Jesus, a man above all other men. Kenyan women questioning traditional masculinities (forthcoming 2013).

worship in the local language, Kikuyu. The women of this church are mainly small-scale farmers while others have small businesses. A few women have formal jobs outside the home but within the same locality. The majority of the women are members of the Mother's Union organization of the Anglican Church.

After having attended two church services in the morning and a shared lunch with all the parishioners, we introduced ourselves and talked about the final goal of this meeting: the writing of an article about salvation and safety in the church as perceived by women.

The topic of being safe and saved was introduced through a contextual Bible study of John 8:1–11. We used the Contextual Bible Study Method since through this method the readers of the Bible are reading and interpreting the text within their own context, cultural background and life experience, with the aim of achieving personal and societal transformation[6]. Eighty-five women and forty men joined this Bible study as well as the group discussions which were conducted later on. In every group a report of the discussions was written by one of the members. After one hour the participants joined a plenary concluding session in the church in which every group presented an answer to two of the questions. All three groups also reported about their proposals to make the church a safer place.

Later, these written reports were discussed with the assisting students who translated and explained the notes. The information in this paper is based on these reports.

2. Contextual Bible Study John 8:1–11

First the topic of »safety« was discussed and linked to the upcoming general elections, talking about national safety, safety in the area, in the homes, and in the church.[7] Then the story of the woman caught in adultery (John 8:1–11) was read both in Swahili and Kikuyu, followed by a plenary discussion which was guided by the following questions:

---

[6] The Contextual Bible Study Method is a way of doing Bible study in which all group members are active and participate equally in bringing the scripture to life through their own stories. This method is explained in Fred Nyabera/Taryn Montgomery, Contextual Bible Study Manual on Gender-Based Violence, Nairobi 2007, 5–19.
[7] These elections were scheduled for 4 March 2013, causing a lot of fear of outbreaks of ethnic violence as was experienced after the 2007 elections.

- What is the text about?
- Who are the main characters and what do we know about them?
- Are there women like this in our community today?
- What does this story tell us about safety? Are our churches safe?

Both women and men agreed that the story in John 8 is about hatred between men and women. It is about hypocrisy since it seems as if only women are involved in adultery, and most of the time only women are seen as adulterers, while there are many male adulterers, too. The story is thus about insecurity for women. It is also about forgiveness, since the woman is forgiven by Jesus.

According to the participants, the main characters in the story are the Pharisees who act as the accusers. They pretend that they are righteous, but inside they are »haters«. They use religious arguments to accuse the woman, and they quote the law of Moses.

In this story the woman is the accused, depicted as being humble. She does not talk after she is brought before Jesus. She does not even refer to the absent character in this story – the man with whom she must have been caught »in the act«. The woman is silent. The participants in this Bible study emphasized that even if the woman had talked, people would not have listened to her.[8]

It was noted that the Bible itself is also silent about the absent character. In this Bible study participants speculated about who this man was. They argued that it was definitely not her husband and if the woman had a husband, he would have defended her.[9] Finally they observed how remarkable it was that the woman did not run away.

About Jesus, the next main character in this story, it was noted that he forgives. He is a true judge since he listens to both the accusers and the accused and he does not condemn the woman.

The question of whether we have such women in our society was answered in an affirmative way: There are many such women in Kabuku, but there must also be many men who act like this woman. This raised the question of why, in the present society and in the church, only women are blamed for extra-marital affairs. Is it women who invite men or do men ask women? It was agreed that tra-

---

[8] Women in Kabuku easily identify with this woman since they are used to humbling themselves; they have to remain silent, and when they speak, it is trivialized.
[9] They interpret the text from their own context and realize that this woman without a husband is helpless – as is the case in their own society.

ditionally men take the initiative and women, for several reasons, cannot resist. Men in the discussion group objected, however, that they should not get the blame since this is the way they were created. Women noticed that this »natural« behaviour of men creates insecurity for women.

Finally, the participants agreed that only the woman (caught in the act alone) was brought to Jesus due to the fact that men are pretenders and accusers.

It was concluded that our churches are not safe. There is no safety, although we are saved.[10] This was further discussed in the group discussions.

3. Group discussions about »saved and safe«

After the plenary Contextual Bible study the women went into two separate groups led by female students, while the men went for discussion in their own group led by male students. They discussed the following questions:

1. When we say that we are saved, what do we mean?
2. Is there a link between salvation and being safe? What does being safe mean?
3. Is the church a safe place? What things make the church safe or not safe? Are women and men equally safe in the church?
4. Was the woman caught in adultery safe?
5. How can we make the church a safe place for both men and women?

3.1 The meaning of »being saved« and »being safe«

The women in Kabuku viewed the meaning of the words »we are saved« in line with the church teachings. They emphasized the spiritual aspects of salvation as »being washed by the blood of Jesus«, that »there is forgiveness of sins«, and that »it has an impact on your personal conduct«. When you are saved, Jesus is your special friend who gives you wisdom in how to behave – for instance to say »no« in daring circumstances, all with the help of the Holy Spirit.

---

[10] Different questions were raised, such as: Are women clean, which kind of safety are we looking for and what was Jesus writing down?

There was a significant difference between how women explained the work of Jesus,[11] especially when asked »Who is Jesus for you?« and the way in which they explained what »salvation« means. It seems as if women have not claimed the term »salvation« for their own experiences with Jesus, since the women in these discussions did not mention anything about »material« or immediate »physical« *salvation*: being saved from hunger, threats, violence, cultural violence etc.[12]

On the contrary, it appears from their reports that salvation is seen by women as being moulded into the Christian hierarchy. For instance, they brought forward that to them »being saved« meant that they were more patient with their husband and children. »We are submissive and try not to argue with our spouse, for instance, when the husband comes home late and is drunk.« Salvation seems to be explained as having peace of mind with being submissive. However, some women questioned this theology of submission and perseverance. They argued that women should not be patient in a foolish manner so that one has to persevere even in the context of domestic violence or violence in the church.

In the end, the women concluded that when you are saved, God gives wisdom in times of trouble and God changes things from bad into good. This implies that the suffering of women is incorporated in a theology in which salvation is spiritualized and in which women themselves are »helpless«. Prayer is seen by women as the only »legitimate« means to bring about safety.

Men, on the other hand, defined salvation using the theological terms in Kikuyu of »being healed«, »being protected«, »being separated« and »being forgiven our sins«.[13] They did not dwell on the meaning of these words.

Being »safe« was described by women as being protected from evil. God is your defender. To be safe is to have somebody who fights for you: Jesus. Women defined safety in relation to other people, for instance their children, their husband, their neighbours, and the drivers on the road. They argued that these people who accompany them are the ones who bring safety or make life unsafe.

Men, however, defined being safe both materially and spiritually. According to them, being »safe« means: not being afraid, having freedom, being protected

---

[11] In an earlier study we concluded that »being saved« is seen by women in line with the biblical stories where Jesus guides, comforts, heals, protects, feeds, empowers and liberates from cultural oppression. See Esther Mombo/Heleen Joziasse, He is Every Wonderful Thing to Me. Christology and the Experiences of Women in Theology and Ministry, in: JCT (16) 2, 2010, 169–190. See also paragraph 5 of this paper.

[12] We further analyze this in paragraph 5 and 6.

[13] This is the translation of »Kuponywa«, »Kuzingirwa«, »Kutengwa«, and »Kusamehewa«.

against all forms of danger, not vulnerable to attacks, not hungry or sick. Being »safe«, according to men, also means: having peace, having assurance in Christ-Jesus »as we are in Christ and Christ is in us«. Thus the men clearly emphasized the »here and now«-aspect of being »safe«, while women in the discussions emphasized their being unsafe and their dependence on Jesus/God for safety.

4.3 A link between salvation and safety?

Asked if there is a link between salvation and safety, women answered in an ambivalent way: For some there was no link because »being saved is not a safeguard from being hurt«. This view is in line with the women's explanation of salvation being mainly a spiritual affair. They observed that accidents and other bad things can happen, but spiritually they are safe because they are saved.

Other women explained that it is difficult to link the two since »we live with other people who are not saved«. »When saved, you are not safe, but you keep on fighting against evil, e. g. your children and your neighbours, by praying for them.« Here the communal and the individual aspect collide: Safety needs the community, while salvation can occur alone. These answers clearly reflect the common teaching of *personal* salvation, which does not encompass communal and social aspects of salvation.

Other women observed that while you are saved there is no safety because as a saved person you are to go through many obstacles or sufferings. This suffering is explained positively, since it brings you closer to God. Therefore some women argued: »As long as we are saved, our sufferings bring us closer to God.« It seems that the absence of safety – for instance in the homes, but also in the church – is theologically affirmed through a positive view on suffering as a consequence of following Christ, which ironically is especially imposed on women.[14]

During the discussions some women were challenging this female suffering: »Since we cannot suffer always, does it mean that when we are *not* suffering we are not close to God?« It was further noted that suffering is not an end in itself but a way to succeed in life. Jesus is with us even in our suffering: »God will

---

[14] Mercy Amba Oduyoye explains the importance of living a sacrificial life referring to Jesus as the »Sacrificial Lamb«, but she emphasizes that »a true and living sacrifice is that which is freely and consciously made«. See Virginia Fabella/Mercy Amba Oduyoye, With Passion and Compassion. Third World Women Doing Theology, Maryknoll 1988, 44.

help.« This idea of suffering as a sign of salvation anticipates and refers to an eschatological view of salvation: In the end we will live »saved and safe« with Jesus.

Finally, some women explained the link between safety and salvation: »When I am saved, I am safe because when I am in hardship, God gives me strength to overcome.« Salvation is defined as being dependent on the Holy Spirit who guides and protects you. One woman therefore explained: »To be safe is to have somebody to fight for you, Jesus.« However, the kind of safety that Jesus brings was not clearly defined in physical or material categories.

Men did not dwell long on this question, but simply assumed that »a safe person on earth has an assurance of salvation and the promises of God«. They seem to presume safety on earth.

4.4 Is the church a safe place?

To some women the church is a safe place, as it is the place to worship God and to fellowship together. It is a place where disturbed hearts get peace and issues of concern are addressed: »We are fed spiritually and feel that God has a purpose for us despite challenges.« To other women the church feels safe not only spiritually but also materially because the church takes care in cases of sickness and death.

The men observed that in recent years the church as a building was not a safe place because people who ran for safety were killed in the church.[15] Some men argued that the church is safe because in the past the clergy has used the pulpit to condemn repressive regimes, for instance during the Kenya African National Union (KANU) era. Yet, the same pulpit has also been used to insert ethnical hatred, and especially in the 2007–2008 post-election violence the church was criticized for initiating hate speech.

However, both women and men predominantly declared the church *not* to be a safe place. Some women expressed that they view the church as a physically dangerous place because of bombings that have taken place in recent times[16].

---

[15] There are many cases in which the church was expected to be a safe place in times of war or political unrest; however, the recent history in Kenya shows that people who took refuge in a church in Eldoret during the ethnic clashes were brutally killed.

[16] In 2012 there were a number of attacks on churches in Garissa, Mombassa and Nairobi.

Most women emphasized first and foremost the psychological unsafeness in the church caused by poor relationships. It is a place where we pretend and corrupt ourselves instead of it being a place of love. The church appears to be a place of envy, hatred, accusations, gossip, and social isolation of some groups of people, especially single mothers and widows. Since women come to church for spiritual support, it is very disappointing to them to find the church to be a place of slander.

Apart from these reasons, women also view the church as unsafe because of sexual harassment and abuse by men, including those in leadership positions who harass and abuse children, youth and women.

Men, on the other hand, argued that clergymen are vulnerable to false accusations. Also it was mentioned that when women report men to the clergy about domestic violence, men feel the church is not a safe place for them. This topic of the church being a safe place became a forum for raising issues of domestic violence, which appeared to be rampant, but the parish had not created space to talk about it or there were no mechanisms of helping those that were trapped in domestic violence. Unsafeness is enhanced through an atmosphere of accusations and discrimination in the church.

4.5 Are women and men equally safe in the church?

From the above discussions, it was observed that there is a difference between men and women when it comes to safety in the church: Men feel safer than women. Reasons given are: First, the predominantly male leadership in the church where men are more protected than women. Second, the fact that women are physically (seen as) weaker, but women are not more protected than men.

The women observed that they are less safe both physically and spiritually since »women carry all the burdens in the home and in the church«. They emphasized that because there is no equality in the church, women feel unsafe. The men agreed with this observation, arguing that they feel superior to women. They base their arguments on Genesis 2 where it is narrated that men are created first. The men confessed that they use the hierarchical set up of the church and their »being created first« as an argument to rule over women.

Men, too, experience the church as an unsafe place, but they explained that this is mainly caused by the fights over leadership. Surprisingly, they also point to the Christology taught in the church as a cause of feeling unsafe: In the church it is emphasized that you should »love Jesus«, and thus men feel cheated since women are encouraged »to love another man«.

Thus, safety in the church, or the absence of it, is mainly attributed to the inequality in status and position between men and women in life and church-life. Women are encouraged to look for solace in faith in Jesus to the extent that they look to the church for the affirmation which husbands at home do not provide: They find peace in their relationship with Jesus. This is threatening to men since their position as the head of the family is being challenged.

When we combine the answers as reflected above, it appears as if men and women have very different expectations of the church. They also receive different messages about what salvation entails, and they perceive safety in a different way. Women mentioned that being saved and prayerful can help in living a godly life. They tended to emphasize this spiritual safety and salvation, but men did not talk about a prayerful life as a contribution to safety. Is this because they do not need spiritual refuge since they are physically safer?

4.6 Was the woman caught in adultery safe?

All participants agreed that this woman was not safe. Women argued that she would have been killed if Jesus had not been around, since the men did not have mercy and they did not ask questions about how it happened, but rather wanted to beat her up. Only in the hands of Jesus did she find safety.

What came out strongly in the women's discussion groups was that the woman was not safe because she had no husband, she was single.[17] The women shared how even nowadays single women are discriminated against in the church. They cannot go into church leadership and also they cannot be full members of the Mother's Union. One participant explained:

> I am a single mother and if I want something repaired in my house and I ask a carpenter and the work is going to take three or four days, people out there, and especially church people start pointing fingers at me. They accuse me of having a man in my house. How safe am I?

---

[17] It is their assumption that if she had a husband, he would have protected her.

4.7 How can the church become a safe place?

Before concluding the discussions, women and men were asked to give suggestions of how the church could become a safe place. They made the following proposals:

- Women should be empowered psychologically, spiritually and materially to speak up on issues that make the church unsafe. The men also suggested that the church will be safe if there is a cultural shift in aspects that are discriminatory towards women.
- Church leadership should be inclusive of both women and men and be more democratic: For the church to be a safe space, leadership must be balanced at all levels, and women must support women who are chosen for leadership positions. Leaders who are not disciplined or who are harassing others should be rejected.
- In order to make the church a safe place both men and women agreed that both boys and girls should be socialized to be responsible for each other. In cases of moral indiscipline, both should face the consequences.
- All groups should feel safe in the church, including single parents and widows.
- Men also pleaded for open discussions between the church management/ leadership and the congregation and for the involvement of all church members and their talents.

5. Salvation reconsidered

Feminist readers of the Bible remind us that the biblical notion of salvation entails liberation, wholeness, peace, and blessing of all life. Aligning with liberation theologians, feminist theologians recognize salvation as holistic *shalom*, social and physical wholeness and harmony. Salvation is understood relationally, between human beings and in relation to God. Only that kind of holistic approach can equip the church to fulfil its task in promoting justice, peace, and wholeness.[18]

---

[18] Veli-Matti Kärkkäinen, Christology. A global introduction, Grand Rapids 2003, 202.

In earlier research we concluded that African women explicate salvation in Christ through a variety of images of Jesus.[19] Salvation is seen by women in line with the biblical stories where Jesus guides, comforts, heals, protects, feeds, empowers and liberates from cultural oppression. Women emphasize salvation as belief in a victorious transcendent Christ who – once and for all – conquered death and life-denying forces. At the same time Jesus is, for women, the paradigm in discerning what is »salvific« and what is »sin« or »evil« in everyday life:

> Jesus is a Shepherd, He helps us in our daily lives. He died for us and He hears us as we go and come. He guides our children, he died for us.
> Every time Jesus is my hope and my friend. When things are good and when things are bad, He makes me walk, stand, eat, sit etc.
> He is our light, He brightens our future, in our children, our homes, in our husband etc. He is also a light in our heart through salvation. He is a light in our lives when our husbands become drunkards, unfaithful, when they beat us, not only physical beating but also »cold war«.
> Jesus is our light in sickness. Even when the woman is giving birth and the husband is not there, when there is pain and uncertainty, Jesus is our light. [20]

All these aspects together constitute how Jesus saves women. When they experience wholeness, affirmation and transformation, it is an affirmation of the presence of Christ: »He saves!« Where there is absence of wholeness in situations of illness, quarrels, hunger, and joblessness etc. »Christ-like power« is needed.[21]

Yet, when listening to the women and men in Kabuku and analyzing their views, we have to conclude that a link between »being saved and being safe« is not obvious and not easily made. While African women theologians such as Oduyoye and Nasimiyu time and again call for a holistic approach of salvation, a concept which can be traced back to the biblical stories, such as the story of the woman who was caught in the act alone, and which is also visible in the lives of ordinary women, it seems not to be part of the theology preached in the churches. It also seems not to be internalized by the women and men in the churches.

In the New Testament the meaning of salvation is captured in all sorts of images and ideas, both expressing who Jesus is and what He did. These meanings should be interpreted in every context anew. However, in the Christian theological tradition and in the practices of the church this variety of ideas and metaphors

---

[19] See Mombo/Joziasse, He is Every Wonderful Thing to Me, 169–190.
[20] These answers were given in the same St. John's Anglican church, Kabuku. See note 3.
[21] See Mombo/Joziasse, He is Every Wonderful Thing to Me, 187.

related to »salvation« has been narrowed down to what became theologically right and orthodox[22]. Although no church council ever gave a definition of the work of Christ and its meaning for us, the dominant paradigm of salvation is the belief in Jesus as the Son of God who died for our sins and through this sacrifice or atonement (through his blood) has set us free.[23]

Ruether states that already in the New Testament we can find two important shifts in the definition of redemption. First, there is the shift from a »this worldly« social definition to an individualistic »other worldly« definition. Second, she observes a shift from an egalitarian definition of salvation that overcomes gender (ethnic and class) discrimination to one that reinforces gender and class hierarchy in the church, the family and the society, while promising a neutralizing of these distinctions in »heaven«.[24]

Both tendencies are intertwined, since »spiritualizing« and »privatizing« are part and parcel of a hierarchical or patriarchal theology which seeks to consolidate male hegemony and is not interested in the practical implications of the full humanity of all people. In fact, it thrives on the fact that there is a hierarchical difference between people divided by gender, race, and class. .

Both these tendencies are theologized and visible in the responses of the people in Kabuku: The gender hierarchy, leading to the exclusion of women in leadership positions in the church, the questioning of the humanity of women and their being created in the image of God, and the individualistic, spiritualized, heaven-oriented definition of salvation. The effect is that questions of safety are spiritualized and dealt with in a way that does not promote safety for women.

6. Conclusion: How will the church become a safe place?

The women and men in the church in Kabuku clearly define how the church can become a safer place. They mention the empowering of women (and girls) and

---

[22] See Toinette M. Eugene, Redemption/Salvation, in: Letty M. Russell/J. Shannon Clarkson (eds.), Dictionary of Feminist Theologies, Louisville 1996, 236.

[23] An example is given in article 2 of the 39 articles of religion of the Anglican Church by David J. Wilson, 1997, Anglican Community, What we believe. Retrieved from http://www.anglican.nb.ca/faith/believe.html#39Articles (25 March 2013): The Son, which is the Word of the Father, begotten from everlasting of the Father, ... is one Christ, very God, and very Man; who truly suffered, was crucified, dead, and buried, to reconcile his Father to us, and to be a sacrifice, not only for original guilt, but also for actual sins of men.

[24] Rosemary Radford Ruether, Introducing Redemption in Christian Feminism, Sheffield 1998, 12.

equality in positions and leadership, together with a less hierarchical church. According to them, these are the main avenues to safety. Women suffer from hierarchy and subordination, which they also have internalized; they are not even safe for each other. A shared leadership and a less hierarchical church will increase safety in the church, in the same way as a shared leadership in marriage will increase safety at home.

But will these changes take place and be effective without a radical shift in teaching and preaching about salvation? Since women are not part of the leadership and the decision-making bodies, they are not in the centre of formulating and theologizing.

On a deeper level it becomes clear that salvation as preached in the church is not being defined or »owned« by women. It seems that women perceive salvation in another way, but since this is not embraced or promoted by the church, there is a disconnect in their views of »what Jesus does for them« and »what salvation entails«.

Salvation as proclaimed in the churches is not about liberation and equality; no holistic sermon is preached. The dominant message is not John 10:10 (»I came that they may have life, and have it abundantly«), but a message of hierarchy and perseverance in suffering. As we noted in the group discussions, women hesitantly and sporadically dare to question whether this »gospel« actually brings them salvation and safety.

Unless the theological idea of salvation is »redeemed« by women from its docetic clothes and lands in the bodily reality of women and men, salvation remains a spiritual affair and a »safe« message only for those who have the power. The belief in the incarnation should be radicalized and brought down to earth to make it relevant, to end the suffering of women in their churches and in their homes. Salvation means being freed from sin and freed from corrupt relations. While salvation is predominantly preached as a spiritual freedom which is to be gained here and now and in the future, to women salvation implies the freedom to speak out, to relate to others on an equal footing. Salvation and safety for women are relational and defined from living in a community, instead of being hierarchical and individualistic.

Closely tied to the redemption of »salvation« is the redemption of the notion of »sin«. The woman who was caught in adultery adjusted perfectly to the patriarchal society: She remained humble and silent and was condemned alone. What brought about her safety? The fact that Jesus rebuked the dominance and false interpretation of men? Is it because Jesus listened to her and gave her space? It was because Jesus' solution implicated gender inequality in defining »sin«: »Fellow brothers, who of you is without sin?« Equality should not be spiritualized or defined as a future event, but be brought into the physical/material life of the church.

In conclusion, salvation is much more than being saved from morally sinful acts, as we read in the gospels. Salvation means in the end that the tears will be wiped off each face, that we are safe from the claws of death – is this not far from spiritual? It is timely that we search the scriptures anew to formulate the deepness and broadness of the meaning of being saved and safe. In this endeavour the experiences of women should guide us.

(Esther Mombo und Heleen Joziasse sind tätig an der St. Paul's University in Limuru, Kenia)

Leben in Fülle statt Gewalt

Theologien von Frauen interkulturell und interreligiös

Heike Walz

Seit den 1960er-Jahren denken Theologinnen aus verschiedenen Religionen und Ländern weltweit über ihre Lebensrealitäten im Kontext ihrer Gesellschaft und Religion nach, engagieren sich in sozialen Bewegungen und bringen eigene Impulse in die theologischen Debatten ein. Bereits in den 1970er-Jahren war es ein Markenzeichen dieses globalen theologischen Diskurses von Frauen, über interkulturelle und interreligiöse Fragen unter Frauen nachzudenken. Als Theologinnen aus dem globalen Süden und den Minderheiten in den USA ihre eigenen Kontexte, Kulturen, religiösen Prägungen und Interpretationen einbrachten, löste dies Reflexionsprozesse über kulturelle und religiöse Diversität aus.

Dass Kontextuelle Theologien »oft selbst interkulturell«[1] und interreligiös angelegt sind, zeigt sich in den Reflexionen der christlichen Theologinnen *Claudete Beise Ulrich* aus Brasilien, *Dina Ludeña Cebrian* aus Peru und *Atola Longkumer* aus Indien in diesem Heft. *Esther Mombo* und *Heleen Joziasse* aus Kenia und *Luzmila Quezada Barreto* aus Peru akzentuieren geschlechtsspezifische Gewaltstrukturen, die in Interkultureller und Interreligiöser Theologie[2] nicht außer Acht gelassen werden können.

Die Autorinnen sprechen für sich. Mir ist die Aufgabe übertragen worden, mit ihren Gedanken in Dialog zu treten. Dies werde ich im Sinne meines Ansatzes einer »postkolonialen Interkulturellen Theologie«[3] tun, die mit Theologinnen

---

[1] Vgl. Volker Küster, Einführung in Interkulturelle Theologie, Göttingen 2011, 109.

[2] Wie wir weiter unten sehen, handelt es sich beim Beitrag von Atola Longkumer um »Komparative Theologie« als einer Form »Interreligiöser Theologie«; vgl. Reinhold Bernhardt/Perry Schmidt-Leukel (Hg.), Interreligiöse Theologie, Zürich 2013.

[3] Vgl. Heike Walz, Kritik der europäischen Vernunft? Herausforderungen für die Interkulturelle Theologie aus Afrika und Lateinamerika, in: ZMiss (2015), 261–283. In meiner – voraussichtlich 2016 erscheinenden – Habilitationsschrift zu Menschenrechten zwischen Religion und Gesellschaft in Argentinien habe ich den Ansatz postkolonialer Religionswissenschaft und Interkultureller Theologie ausführlicher entwickelt.

und Theologen aus dem globalen Süden in ein konstruktives Gespräch tritt, zwischen ihren und Denkweisen in Europa zu vermitteln sucht, sich davon zum Weiterdenken herausfordern lässt und Rückfragen stellt. Vielleicht gelingt es, als Leserin ihre Denkansätze auch untereinander ins Gespräch zu bringen.

Im *ersten Schritt* skizziere ich kurz die interkulturellen und interreligiösen Facetten in der *Globalgeschichte* der Theologien von Frauen seit den 1960er-Jahren bis zur Gegenwart im Kontext der Globalisierung (1).

Im *zweiten Schritt* diskutiere ich theologische Impulse, die von den Theologinnen als Vision vom »Leben in Fülle« entfaltet werden, wie es in Joh. 10,10b heißt: »Ich bin gekommen, damit sie das Leben in Fülle haben.«[4] (2) Interkulturelle und interreligiöse Fragen stellen sich angesichts des Konzepts des »guten Lebens« (*buen vivir*) als Element der »Planetarischen Theologie« in Lateinamerika (2.1). Dies gilt gleichermaßen für die spirituelle Kraft christlicher und hinduistischer Mystik als Beitrag zu »Komparativer Theologie« in Indien (2.2). Durch *alle* Beiträge zieht sich der rote Faden, dass die Kraft spiritueller Erfahrungen Gewalterfahrungen[5] entgegengesetzt wird. Deshalb reflektiere ich im *dritten* Schritt, dass trotz politischer Transformationsprozesse in Afrika, Asien und Lateinamerika nicht von einer Situation *after violence* die Rede sein kann. In Kenia geht es um die Vision von Kirche als *safe space* und in Peru um das Konzept des *Empowerment* (*empoderamiento*), wobei die Autorinnen mit »Narrativer Theologie« arbeiten (2.3). In den Beiträgen spiegelt sich wider, dass »Intersektionalität« das methodische Instrumentarium ist, mit dem sich Theologinnen im globalen Süden der Verschränkung verschiedener Diskriminierungs- und Gewaltformen mit der Dimension von Geschlecht annähern – lange bevor dieses Konzept in deutschsprachigen Debatten prominent wurde (2.4).

---

[4] In der Übersetzung der Zürcher Bibel, Zürich 2007. Beise Ulrich und Ludeña Cebrian beziehen sich im Blick auf das indigene Konzept *buen vivir* darauf, dass »alle ein Leben in Fülle leben können«; vgl. Beise Ulrich/Ludeña Cebrian, 363. Mombo und Joziasse erwähnen ebenfalls das Ich-bin-Wort Jesu, Mombo/Joziasse, 385.

[5] Der engere Begriff der physischen »Gewalt« ist »in romanischen Sprachen und im Englischen abgeleitet ... vom lateinischen violentia (violencia, violence), im Gegensatz zur *potestas* (poder, power)« (Silke Hensel/Hubert Wolf, Einleitung: Die Katholische Kirche und Gewalt. Europa und Lateinamerika im 20. Jahrhundert, in: Dies. (Hg.), Die Katholische Kirche und Gewalt. Europa und Lateinamerika im 20. Jahrhundert, Köln/Weimar u. a. 2013, 11–28, 12). Im Blick auf die Thematik von Geschlecht muss jedoch ein weiterer Gewaltbegriff vorausgesetzt werden, der auch die Problematik der »strukturellen Gewalt« (Johan Galtung, Strukturelle Gewalt. Beiträge zur Friedens- und Konfliktforschung, Reinbek bei Hamburg 1975), der »kulturellen Gewalt« (Johan Galtung, Cultural Violence, in: Journal of Peace Research Vol. 27 No. 3 (1990), 291–305) und der »symbolischen Gewalt« (Pierre Bourdieu/Jean-Claude Passeron, Grundlagen einer Theorie der symbolischen Gewalt, Frankfurt am Main 1973) im Blick hat.

Abschließend halte ich fest, welche Einsichten sich anhand der Beiträge über interkulturelle und interreligiöse Theologien von Frauen gewinnen lassen können (3).

1. Globalgeschichte der Theologien von Frauen seit den 1960er-Jahren

Mary McClintock Fulkerson und Sheila Briggs stellen in *The Oxford Handbook of Feminist Theology*[6] die Globalgeschichte der Theologien von Frauen in Form von *drei Etappen* dar,[7] die ich hier etwas modifiziert zugrunde lege.[8]

Die *erste Generation* feministisch geprägter Theologinnen in den 1960er-Jahren äußerte sich im Kontext des *Second Wave Feminism* in den USA als Reaktion auf säkulare Bürger- und Frauenrechtsbewegungen, Antidiskriminierungsgesetze und des Engagements gegen sexualisierte Männergewalt gegen Frauen. In den christlichen Kirchen setzten sich die Theologinnen für die Frauenordination ein und kritisierten den patriarchalen Charakter der jüdisch-christlichen Tradition.

Unter dem Einfluss der *Black Theology* und der lateinamerikanischen Befreiungstheologie übten *women of color* in den USA Kritik an der Homogenität der ›weißen‹ feministischen Theologie und entwickelten eigene Perspektiven der *Womanist Theology* und *Mujerista Theology*. Die interkulturelle und interreligiöse Diversität war somit bereits ein Thema der Theologinnen in den 1970er-Jahren.

In Afrika, Asien und Lateinamerika und dem Pazifik standen Theologinnen zunächst innerhalb von EATWOT (*Ecumenical Association of Third-World-*

---

[6] Vgl. Mary McClintock Fulkerson/Sheila Briggs (Hg.), The Oxford Handbook of Feminist Theology, Oxford 2012. Es sollte im Blick behalten werden, dass die Bezeichnung *Feminist Theology* vom US-amerikanischen Blickwinkel geprägt ist, während Theologinnen weltweit in ihren Sprachen und Kontexten unterschiedliche Namen verwenden. Deshalb bevorzuge ich den Überbegriff »Theologien von Frauen«.

[7] Vgl. McClintock Fulkerson/Briggs, Introduction, in: Dies. (Hg.), The Oxford Handbook of Feminist Theology, 1–20, 1f.

[8] Geschlechter-Gerechtigkeit wurde im deutschsprachigen Umfeld seit den Anfängen der Feministischen Theologie als »Inter-Diskurs« begriffen: »interdisziplinär, interkonfessionell, interkulturell und interreligiös«. Vgl. Hedwig Meyer-Wilmes, Art.: Programm Feministische Theologie(n), in: Elisabeth Gössmann u. a. (Hg.), Wörterbuch der Feministischen Theologie, Gütersloh 2002², 147–150, 150. Vgl. auch Gisela Matthiae/Renate Jost u. a., Feministische Theologie. Initiativen, Kirchen, Universitäten – eine Erfolgsgeschichte, Gütersloh 2008, 296–377.

Theologians) im Dialog darüber. Später gründeten sie eigene Zusammenschlüsse wie z. B. den *Circle of Concerned African Women Theologians*,[9] *Con-spirando*[10] und *Teologanda*[11] in Lateinamerika sowie die *Ecclesia of Women in Asia, Forum of Catholic Women Theologians* oder die *Asian Church Women's Conference*.[12] Das Bewusstsein, dass Feministinnen in verschiedenen religiösen Traditionen verankert sind, führte dazu, dass Theologinnen verschiedener Religionen in regionalen und kontinentalen Vereinigungen zusammenarbeiteten und sich interreligiös austauschten. Auch »post-traditionelle« Formen der Spiritualität[13] fanden Berücksichtigung.

Die Generation der Theologinnen der *zweiten Etappe* rezipierte seit Mitte der 1980er-Jahre die poststrukturalistische Kritik am Subjekt ›Frau‹ und an der Heteronormativität, die in der feministischen Philosophie, federführend von der jüdischen US-amerikanischen Philosophin Judith Butler, artikuliert wurde.[14] Queere Theologien,[15] *Sexual Theologies*[16] und kritische *Men's Theologies*[17] gingen aus einer diversifizierten Auseinandersetzung mit der Geschlechterfrage in der Theologie hervor.

In der *dritten Etappe* seit den 1990er-Jahren bis heute, so McClintock Fulkerson und Briggs, werden Feministische Theologien im *Kontext der Globalisie-*

9 Vgl. Heike Walz, ›Nicht mehr männlich und weiblich‹? Ekklesiologie und Geschlecht in ökumenischem Horizont, Frankfurt am Main 2006; Mercy Amba Oduyoye, The Story of a Circle, in: The Ecumenical Review Vol. 53: No. 1 (2001), 97–100; Walz, ›Nicht mehr männlich und weiblich‹?, 244–286.

10 Vgl. Josefina Hurtado/Ute Seibert, Con-Spirando: Women »Breathing Together«, in: The Ecumenical Review Vol. 53 No. 1 (2001), 90–93; Mary Judith Ress, »Without a Vision, the People Perish« (Proverbs 29:18). Reflections on Latin American Ecofeminist Theology, Santiago 2003; Walz, ›Nicht mehr männlich und weiblich‹?, 286–331.

11 Vgl. http://teologanda.org/ (10.10.2015). Vgl. auch die von *Teologanda* Theologinnen erstellte Anthologie zu theologischen Autorinnen der Amerikas: Virginia Raquel Azcuy/Marcela María Mazzini u. a. (Hg.), Antología de Textos de Autoras en América Latina, el Caribe y Estados Unidos, Buenos Aires/San Pablo 2008.

12 Vgl. http://ecclesiaofwomen.ning.com/forum/topics/call-for-papers-participants-ewa-2016 und http://acwc.blogspot.de/ (10.10.2015).

13 Dabei geht es beispielsweise um Göttinnenspiritualitäten und sogenannte Thealogy; vgl. Carol Christ, Feminist Theology as Post-Traditional Thealogy, in: The Cambridge Companion to Feminist Theology, Cambridge 2004, 79–96.

14 Vgl. u. a. Judith Butler, Gender Trouble. Feminism and the Subversion of Identity, New York 1990.

15 Vgl. André Musskopf, Via(da)gens teológica. Itinerários para um teologia queer no Brasil, São Leopoldo, Tese (doutorado) Escuela Superior de Teologia, 2008; Hugo Cordova Quero/Joseph N. Goh u. a. (Hg.), Queering Migrations Towards, From, and Beyond Asia, New York 2013.

16 Vgl. Marcella Althaus-Reid (Hg.), Liberation Theology and Sexuality, Aldershot 2006.

17 Vgl. Björn Krondorfer, Men and Masculinities in Christianity and Judaism. A Critical Reader, London 2009.

rung entworfen.[18] Theologinnen stehen unter den Einflüssen der ökonomischen, politischen, kulturellen, religiösen und technologischen Globalisierungsprozesse und den existentiellen Folgen von Migration und Flucht. Das Narrativ, Feministische Theologie sei ein westlicher Diskurs, wurde dadurch völlig in Frage gestellt. Der Begriff der »Globalisierung« kann nicht mehr allein in den USA definiert werden, sondern muss diskursiv werden: Von wessen Globalisierung und an welchem Ort ist jeweils die Rede?

Theologinnen arbeiten jetzt noch stärker global vernetzt und reagieren auf die Herausforderungen der Ungerechtigkeiten, Ausbeutungsprozesse und der Verarmung im »globalen Dorf«. Die Inklusion von ›Anderen‹ bzw. ›Andersgemachten‹ ist ein zentrales Anliegen. In den Blick rücken Menschen, die einer anderen religiösen, ethnischen, sozialen, kulturellen, sexuellen oder altersmäßigen Gruppe (meist als Minderheit) angehören. Explizit wird von *Feminist Intercultural Theology*[19] oder *Feminist Inter-religious Theology*[20] gesprochen.

Diese Verknüpfung zwischen *Women and Marginal Communities* zeigt sich auch in den *Handbooks of Theological Education* in Asien[21] und Afrika.[22] In vielen theologischen Ausbildungsstätten in Afrika, Asien und Lateinamerika, die mit der Ökumenischen Bewegung des Ökumenischen Rates der Kirchen verbunden sind, gehört Gender als Querschnittsfrage der Theologie zum Curriculum und wird mit theologischer Reflexion zu marginalen Gruppen (Indigene, *Tribals*, Menschen mit HIV und Aids, sexuelle Minderheiten etc.) verknüpft.

Den drei Etappen des *Oxford Handbook of Feminist Theology* ist hinzuzufügen, dass möglicherweise eine *vierte Etappe* bereits am Entstehen begriffen ist. Junge, selbstbewusste Frauen vertreten gegenwärtig einen »neuen Feminismus«, der ein recht heterogenes Gesicht zeigt: In den USA wird er als *Third Wave Fe-*

---

[18] Hierauf konzentriert sich der ganze Band, zu dem Theologinnen aus allen Erdteilen beigetragen haben. Vgl. McClintock Fulkerson/Briggs, The Oxford Handbook of Feminist Theology, 2ff.

[19] Vgl. Kwok Pui-lan, Feminist Theology as Intercultural Discourse, in: Frank Susan Parsons (Hg.), The Cambridge Companion to Feminist Theology, Cambridge 2002, 23–39; María Pilar Aquino (Hg.), Feminist Intercultural Theology. Latina Explorations for a Just World, Maryknoll 2007; Kirsteen Kim, Gender Issues in Intercultural Theology, in: Mark J. Cartledge/David Cheetham (Hg.), Intercultural Theology. Approaches and Themes, London 2011, 75–92.

[20] Vgl. Rita M. Gross/Rosemary Radford Ruether, Religious Feminism and the Future of the Planet. A Christian-buddhist Conversation, London 2001.

[21] Vgl. Women and other Marginal Communities, in: Hope Antone/Wati Longchar u. a. (Hg.), Asian Handbook for Theological Education and Ecumenism, Oxford 2013, 343–442.

[22] Vgl. Gender and HIV and AIDS, in: Isabel Phiri/Dietrich Werner (Hg.), Handbook of Theological Education in Africa, Oxford 2013, 632–688.

minism[23] bezeichnet. Im deutschsprachigen Kontext nennen sich junge Feministinnen »Alphamädchen«,[24] und international veranstalten »Femen«[25] öffentliche Protestaktionen mit nacktem Oberkörper, um sich für Frauen- und Menschenrechte einzusetzen. Im globalen Süden sind Frauenbewegungen im Kampf gegen Feminizide[26] und Frauenhandel[27] sehr aktiv. In Pfingstgemeinden und charismatisierten Kirchen ist häufig das »Genderparadox«[28] zu beobachten, dass Frauen eine wichtige Rolle als spirituelle Führungspersonen spielen, während die Theologie patriarchal geprägt bleibt; gleichzeitig beschäftigen sich manche Frauen mit feministischer Theologie. Inwiefern solche disparaten Gesichter des Feminismus zu ›Feministischen Theologien der vierten Generation‹ führen, wird sich noch zeigen müssen.

Insgesamt erscheint mir die Darstellung der drei Etappen von McClintock Fulkerson und Briggs als zu statisch. Sicherlich war die *Feminist Theology* von weißen Frauen in den USA in der ersten Generation global gesehen dominant, und sie ist es mancherorts bis heute, aber sie wurde nicht einfach von Nordamerika in den globalen Süden (und nach Europa) exportiert. Theologinnen standen bereits seit den 1970er-Jahren in sehr regem internationalem Austausch. Das heute stark kritisierte Leitbild der ›Schwestern über Kontinente‹[29] war hierfür das Leitmotiv. Dadurch kam es zu *wechselseitigen Austauschprozessen* zwischen Theologinnen, und zwar in alle Richtungen, zwischen Norden und Süden,[30] Osten und Westen sowie auf der Süd-Süd-Achse. Hier wäre eher von »spiralförmigen Entwicklungen«[31] zu sprechen, wie ich dies am Beispiel der Interaktionen und Wechselwirkungen zwischen lateinamerikanischen und nördlichen Theologinnen gezeigt habe.

---

[23] Vgl. Stacy Gillis/Gillian Howie (Hg.), Third Wave Feminism. A Critical Exploration, New York 2007.

[24] Vgl. Meredith Haaf/Susanne Klingner, Wir Alphamädchen. Warum Feminismus das Leben schöner macht, München 2008.

[25] Vgl. http://femen.org/ (10.10.2015).

[26] Vgl. Rosa-Linda Fregoso/Cynthia Bejarano (Hg.), Terrorizing Women. Feminicide in the Américas, Durham/London 2010; Nancy Pineda-Madrid, Suffering and Salvation in Ciudad Juárez, Minneapolis 2011.

[27] Maria de las Mercedes Isla/Laura Demarco, Se trata de nosotras, Buenos Aires 2009.

[28] Bernice Martin, The Pentecostal Gender Paradox. A Cautionary Tale for the Sociology of Religion, in: Richard K. Fenn (Hg.), The Blackwell Companion to Sociology of Religion, Malden/Oxford 2003 (2001), 52–66.

[29] Vgl. Christel Voß-Goldstein/Gisela Büttner (Hg.), Schwestern über Kontinente. Aufbruch der Frauen. Theologie der Befreiung in Lateinamerika und feministische Theologie hierzulande, Düsseldorf 1991.

[30] Kirsteen Kim erwähnt ebenfalls »a very high level of North-South-dialogue«; Kim, Gender Issues in Intercultural Theology, 91.

[31] Vgl. Heike Walz, Interkulturelle Theologie und Geschlecht. Herausforderungen für Europa am Beispiel lateinamerikanischer Theologinnen, in: BThZ vol. 27 no. 1 (2010), 107–132, 114ff.

Um solche interkulturelle und interreligiöse Dialog- und Austauschprozesse im Kontext der Globalisierung geht es in den theologischen Impulsen zum »Leben in Fülle statt Gewalt« aus Brasilien, Peru, Indien und Kenia.

2. Leben in Fülle statt Gewalt: Theologische Impulse

2.1 Planetarische Theologie: Indigenes »Leben in Harmonie« (buen vivir)

Der interkulturelle Austausch unter Frauen spiegelt sich wider in dem als Dialog gestalteten Beitrag der brasilianischen Theologin Beise Ulrich, die in Deutschland lebt, und Ludeña Cebrian, einer indigenen *Quechua* aus den Anden in Peru, die der Vereinigung indigener Theologinnen von *Abya Yala* (COTIAY) angehört.

Das *buen vivir* (Gutes Leben)[32] oder *sumaq kawsay* auf *Quechua* ist zwischen der indigenen und mestizischen Bevölkerung in Lateinamerika ein Streitpunkt, da indigene Kosmovisionen und europäisierte Weltsichten aufeinanderprallen. Durch die ökonomischen Verflechtungen mit Europa und Nordamerika ist auch der interkulturelle Dialog mit der nördlichen Hemisphäre betroffen.

Die Autorinnen machen das *vivir bien* (gut zu leben) für eine »solidarische und befreiende feministische Theologie«[33] fruchtbar und reißen damit einen utopischen Horizont auf, der auf uraltem Wissen beruht, das Frauen und Männer über Generationen hinweg weitergegeben haben. Es hat durch die Zeiten der Kolonialisierung, Mission und Globalisierung hindurch überlebt und wurde weiterentwickelt. Diese Alternative gegenüber einer anthropozentrischen Weltsicht und dem Weltkapitalismus ist aber nicht nur eine schöne Utopie, sondern wurde menschenrechtlich in den Verfassungen der pluri-ethnischen Staaten Bolivien und Ecuador[34] unter dem Begriff der »Rechte auf das gute Leben« (*derechos del buen vivir*) verankert.

[32] Das *buen vivir* unterscheidet sich von der aristotelischen Vorstellung des guten Lebens in der Polis; vgl. Catherine Walsh, Interculturalidad, plurinacionalidad y razón decolonial. Refundares político-epistémicos en marcha, in: Ramón Grosfoguel/Roberto Almanza Hernández (Hg.), Lugares descoloniales. Espacios de intervención en las Américas, Bogotá 2012, 95–118, 110–115.
[33] Beise Ulrich/Ludeña Cebrian, 359.
[34] Vgl. Art. 12–83 der Verfassung von Ecuador (2012), www.ecuadorencifras.gob.ec/LOTAIP/2015/DIJU/abril/LA2_ABR_DIJU_Constitucion.pdf (10.10.2015). In Art. 71 heißt es: »La naturaleza o Pacha Mama, donde se reproduce y realiza la vida, tiene derecho a que se respete integralmente su existencia y el mantenimiento y regeneración de sus ciclos vitales, estructura, funciones y procesos evolutivos.« »Die Natur oder Pacha Mama, in der sich das Leben reproduziert und verwirklicht, hat das Recht darauf, dass

Harmonie und Achtsamkeit gegenüber dem Leben auf dem Kosmos steht im Zentrum dieser Utopie, die sich in Diskussionen über eine »Planetarische Theologie«[35] einzeichnet, die im 21. Jahrhundert in Lateinamerika entstanden ist. Im »planetarischen Zeitalter« soll die Menschheit eine »planetarische Bürgerschaft«[36] übernehmen, um für das Überleben des Lebens auf dem ganzen Planeten zu sorgen, wie es der brasilianische Theologe Leonardo Boff ausdrückt, der bereits seit Jahrzehnten für eine Ökologische Theologie eintritt. Parallel hierzu entwickeln Frauen seit den 1990er-Jahren ökofeministische lateinamerikanische Theologien, die von der brasilianischen Theologin Ivone Gebara als radikalerer Ansatz innerhalb der Theologien von Frauen qualifiziert werden, da sie den Androzentrismus *und* Anthropozentrismus der Theologie in Frage stellen.[37]

Wichtig ist, dass alle diese Ansätze maßgeblich auf die kosmozentrische Weltsicht der indigenen und afrolateinamerikanischen Völker auf dem Kontinent zurückgehen, was sich seit den 1990er-Jahren in Ansätzen »Indigener Theologie« (*teología india*) niederschlägt.[38] Der Beitrag von Beise Ulrich und Ludeña Cebrian zeigt, dass sich nun indigene Theologinnen verstärkt zu Wort melden.

Das Konzept des *buen vivir* ist im Zeichen des Klimawandels, der weltweiten Ernährungs-, Armuts- und Finanzkrisen und der Suche nach alternativen Modellen zum hemmungslosen Wachstum höchst aktuell. Bislang scheint es aber im deutschsprachigen Umfeld eher in Insiderkreisen bekannt zu sein, die sich mit Lateinamerika, alternativen Modellen der »solidarischen Ökonomie«[39] oder mit Klimagerechtigkeit befassen. *Buen vivir* steht im Kontext eines utopischen Den-

---

ihre Existenz ganzheitlich respektiert wird; dasselbe gilt für die Aufrechterhaltung und Regeneration ihrer Lebenszyklen, Struktur, Funktionen und Entwicklungsprozesse.« (ÜS HW)

[35] Vgl. José María Vigil (Hg.), Along the Many Paths of God. Vol. 5. Toward of Planetary Theology, Montreal; http://tiempoaxial.org/AlongTheManyPaths/, 2010.

[36] Leonardo Boff, Achtsamkeit. Von der Notwendigkeit, unsere Haltung zu ändern, München 2013, 98.

[37] Vgl. Ivone Gebara, Teología de la liberación y género, in: Sylvia Marcos (Hg.), Religión y género, Madrid 2004, 107–136.

[38] Vgl. beispielsweise Nicanor Sarmiento Tupayupanqui, La teología india es un hecho histórico en América Latina, in: Diálogo Indígena Misionero Asunción, Paraguay (4to. Encuentro-Taller de Teología India »En busca de la tierra sin mal"), no. 61 (2000), 34–42; Graciela Chamorro, Auf dem Weg zur Vollkommenheit. Theologie des Wortes unter den Guaraní in Südamerika, Münster 2003; Eleazar López, La »Teología India«, Apuntes de Eduardo de la Serna en el 23° Encuentro anual de Curas en la Opción por los Pobres, 11 de agosto 2009 (unveröffentlichtes Manuskript); Carlos Intipampa, Lo divino en la concepción andina, in: Josef Estermann (Hg.), La teología andina. El tejido diverso de la fe indígena. Tomo II, La Paz 2006, 51–82; Josef Estermann (Hg.), Teología andina. El tejido diverso de la fe indígena. Tomo II, La Paz 2006.

[39] Vgl. www.solidarische-oekonomie.de/ (10.10.2015); vgl. auch die Publikationen von Elmar Altvater, Prof. em. für Politikwissenschaft der Freien Universität zu Berlin, u. a. Elmar Altvater/Nicola Sekler (Hg.), Solidarische Ökonomie. Reader des wissenschaftlichen Beirats von Attac, Hamburg, 2006.

kens, das seit 2001 vom Weltsozialforum in Brasilien unter dem Motto »eine andere Welt ist möglich« entwickelt wird.

Gleichwohl experimentieren auch Frauen, Männer und Familien im deutschsprachigen Umfeld mit Formen des alternativen Wirtschaftens in ökologischen Genossenschaften. Ein Beispiel dafür, dass in kleinem Rahmen alternative Inseln geschaffen werden, sind Biobauernhöfe.[40] Dass jedoch vergleichbare »Rechte des guten Lebens« in die Verfassung der Schweiz, Deutschlands oder Österreichs aufgenommen würden, erscheint völlig fernab jeder Chance auf Verwirklichung.

Dies mag einer der Gründe dafür sein, dass in der deutschsprachigen Theologie lateinamerikanisches radikales utopisches Denken, das zudem die Folgen des europäischen Kolonialismus bis heute kritisiert, häufig als »nicht theologisch«, »ideologisch« oder als »Aktivismus statt Theologie« qualifiziert wird. Vergessen scheinen dabei die in Europa stattfindenden theologischen Debatten um Schöpfungs- und Umweltethik seit den 1980er-Jahren. Zudem sind politischer Aktivismus, theologisches Nachdenken und spirituelles Leben in Lateinamerika weit enger miteinander verbunden, als dies landläufig in der deutschsprachigen akademischen Landschaft der Universitäten der Fall ist. Abgesehen von politischökonomischen Standpunkten, die in jede theologische Bewertung einfließen, fehlt es im deutschsprachigen Umfeld vielleicht auch an Anschauung.

Wer einmal mit eigenen Augen gesehen hat, dass das Land indigener Gemeinschaften von transnationalen und nationalen Unternehmen geraubt wird (*Land Grabbing*) und dass Mütter sich prostituieren, um ihre Kinder durchzubringen, der weiß, weshalb Beise Ulrich und Ludeña Cebrian von der »Priorität des Geldes gegenüber dem Leben lassen«[41] sprechen. Oder wenn der Boden, die Luft und das Wasser durch Pestizide des Sojamonokulturanbaus kontaminiert sind, sodass Kinder ganzer Ortschaften an Krebs erkranken. Der interkulturelle theologische Dialog mit Theologinnen, die das *buen vivir* vertreten, geschieht somit mit unterschiedlichen hermeneutischen Perspektiven.

Für indigene Theologinnen ist es wichtig, sich mit der Pachamama und den Wurzeln des *buen vivir* zu verbinden. Ludeña Cebrian beschreibt dies als »Reise

---

[40] Meine Gemüse-Obst-Kiste, die wöchentlich vom Hof Kotthausen in Wuppertal geliefert wird, integriert zudem Menschen mit einer Behinderung durch betreutes Wohnen ins Alltagsleben; vgl. www.hof-kotthausen.de/ (10.10.2015).

[41] Beise Ulrich/Ludeña Cebrian, 363.

ins Innere«, um in einem »Dekolonisierungsprozess«[42] Elemente der kolonial-missionarischen Bildung kritisch auszuwerten und abzustreifen. Dies wirft Fragen auf: Wie mag eine solche spirituelle Reise konkret aussehen? Wie gestalten indigene Frauen sie mit engagierten Männern? Beise Ulrich und Ludeña Cebrian laden zum Weiterdenken der Planetarischen Theologie ein. Ihre Reise ins Innere geschieht in der Hoffnung, dass der Weg von der Kreuzigung zur Auferstehung führt – damit der ganze Planet »Leben in Fülle« habe.

Die Suche nach spirituellen Kraftquellen findet sich auch bei Atola Longkumer aus Indien, wenn sie die Mystikerinnen Hildegard von Bingen und Mirabai miteinander vergleicht. Die Benediktinerin Hildegard ist auch für die »Grünkraft« (*viriditas*) Gottes und ihre Kenntnis der Heilkraft von Pflanzen bekannt – ein mittelalterlicher christlich-europäischer Versuch, in Harmonie mit der Natur zu leben.

2.2 Komparative Theologie: Spirituelle Kraft christlicher und hinduistischer Mystik

Mystische Wege zur Vereinigung mit einer verehrten Gottheit faszinieren seit jeher Menschen in vielen Religionen. Mystikerinnen und Mystiker überschreiten die Grenzen zwischen dem Diesseits und Jenseits, oft auch die Grenzen zwischen religiösen Traditionen und traditionellen Geschlechtergrenzen. Literatur über christliche Mystikerinnen gibt es im deutsch- und englischsprachigen Umfeld inzwischen reichlich.[43]

Mystikerinnen aus verschiedenen Religionen zu vergleichen, wie es Atola Longkumer tut, ist jedoch ein origineller Beitrag, der bislang selten gemacht wird.[44] Die mittelalterliche römisch-katholische Benediktinerin Hildegard von Bingen (1098–1179) aus Ruppertsberg am Rhein bringt sie in Dialog mit der Hindu-Mystikerin Mirabai (1498–1546) aus Nordindien, die in der Bhakti-Tradition verwurzelt ist. Eine Braut Christi und eine Braut Krsnas, beide in mystischer Gottesliebe entbrannt.

---

[42] Beise Ulrich/Ludeña Cebrian, 364 und 366.
[43] Vgl. beispielsweise den jüngst erschienenen Band Mariano Delgado/Volker Leppin (Hg.), »Dir hat nicht vor den Frauen gegraut«. Mystikerinnen und Theologinnen in der Christentumsgeschichte, Stuttgart 2015.
[44] Vgl. aus deutschsprachiger europäischer Perspektive Ulrich Holbein, Heilige Närrinnen. 22 + 4 Lebensbilder, Wiesbaden 2012, der Mirabai und Hildegard von Bingen portraitiert.

Longkumers »Komparative Theologie« (u. a. im Anschluss an Francis X. Clooney S J[45]) verfolgt das Ziel, im indischen Kontext der Pluralität von sogenannten Weltreligionen und indigenen Religionen andere religiöse Traditionen wertzuschätzen, sich in sie hineinzuversetzen, die eigene religiöse Tradition neu zu sichten, gegebenenfalls den eigenen Standpunkt zu verlagern und dabei Geschlechterfragen einzubeziehen. Auch der Beitrag Komparativer Theologie zur friedlichen Begegnung zwischen der mehrheitlich hinduistischen Bevölkerung und der christlichen Minderheit angesichts von fundamentalistischen und konservativen Strömungen in Indien ist nicht zu unterschätzen.[46]

Komparative Theologie stellt somit neben der Inkulturationstheologie, Dalit-Befreiungstheologie, Tribal-Theologie und Urban-Theologie, die Markus Luber unterscheidet, einen weiteren Typ von Theologie im Kontext Indiens dar,[47] zumal sich das Paradigma der Komparativen Theologie zunächst aus der Begegnung mit der Religionspluralität in Asien herausgebildet hat.

Longkumers Vergleich konzentriert sich auf die Gemeinsamkeiten zwischen den beiden mystischen Rebellinnen Hildegard von Bingen und Mirabai. Dies liegt sofort auf der Hand: Beide Frauen gewinnen in ihrer bedrohlichen Lebenssituation spirituelle Kraft. Hildegard erlebte, dass ihre körperlichen Gebrechen der Auslöser waren, dass Gott durch Visionen zu ihr ›sprach‹. Durch die Verschriftlichung ihrer Visionen wurde sie selbst zur Heilerin, Exorzistin, Predigerin und anerkannten Kirchenlehrerin. Mirabai gelang es, durch ihre Liebe zu Krsna der Verbrennung als Witwe (*sati*) zu entgehen und die Folter zu überleben, indem sie in Lieddichtungen (*padas*), Musik und Tanz ihrer Verehrung von Krsna Gestalt verlieh. Beide Frauen brachten ihre mystischen Erfahrungen in künstlerischer Form zum Ausdruck und genießen bis in die Gegenwart weltweit Popularität, auch durch die Verbreitung ihrer Lieder und Musik.[48]

Longkumers Vergleich zeigt einmal mehr, dass spirituelle Kraft Berge versetzen kann und dass Mystik und Widerstand nahe beieinanderliegen. Mystische Ekstase ermöglicht, unmittelbar mit Christus oder Krsna im Kontakt zu sein. Es

[45] Vgl. Francis X. Clooney, S J, Comparative Theology. Deep Learning Across Religious Borders, Malden 2010. Inzwischen existieren verschiedene Ansätze der Komparativen Theologie.
[46] Vgl. Longkumer, 372 und 383f.
[47] Vgl. Markus Luber, Kontextuelle Theologien in Indien«, in: Thomas Schreijäck/Knut Wenzel (Hg.), Christus in den Kulturen. Anstöße des II. Vatikanums für eine Theologie der Inkulturation in Indien, Ostfildern 2014, 127–149, 138–146.
[48] In Argentinien existiert ebenfalls reges Interesse an Hildegard von Bingen. Im Rahmen der Bibliotheksausstellung zum Thema »En los márgenes de la escritura« im I. U. ISEDET wurde ich 2007 darum gebeten, Hildegard von Bingen vorzustellen.

bedarf keiner religiösen Institution oder deren männlicher Stellvertreter. Die Mystikerinnen erlebten ihre mystische Vereinigung mit ihrer Gottheit als intensive emotionale Liebesbeziehung in körperlich-leiblicher, erotischer Weise, was sie über ihre irdischen Grenzen hinauswachsen ließ.

Darin liegt eine gehaltvolle Botschaft an die »postsäkulare und globalisierte Welt«,[49] insbesondere im globalen Norden: Religionen schränken Menschen, insbesondere Frauen, nicht zwangsläufig ein, sondern können spirituelle Kraftquellen bieten, um über sich, die engen Grenzen der Gesellschaft und die Mauern religiöser Institutionen hinauszuwachsen, die bis heute entlang von Hierarchien (Kasten, Geschlechter, sozialem Status etc.) strukturiert sind.

Longkumers Vergleich regt zum Weiterdenken an. Ein Anliegen der Komparativen Theologie ist, von einer anderen religiösen Tradition für die eigene Theologie zu lernen. Könnte dieser Lernprozess stärker akzentuiert werden, wenn auch die Unterschiede zwischen beiden Mystikerinnen betrachtet würden? Hierzu könnten die religiösen Lehren zwischen Mirabais Liedpoesie und Hildegards Schriften und Liedern verglichen werden. Finden sich bei Mirabai auch betont weibliche Interpretationen der Bhakti-Tradition oder der Krsna-Verehrung – ähnlich wie Hildegard die Inkarnation Gottes im weiblichen Körper betont? Existiert eine indische Rezeption von Hildegard von Bingens Werk? Spielt sie überhaupt in anderen religiösen Traditionen eine Rolle, ähnlich wie Mirabais Lieder in Indien in der hinduistischen, christlichen, muslimischen oder Sikh Bevölkerung beliebt sind? Welche weiteren Mystikerinnen aus anderen religiösen Traditionen würden sich für solch einen Vergleich eignen, beispielsweise die Sufi-Mystikerin Rabi'a al-Adawiya (ca. 717–801)?

2.3 Narrative Theologie: Kirche als »safe space« und »Empowerment« von Frauen

Esther Mombo und *Heleen Joziasse* aus Kenia richten ihren Blick auf die Kirche als *safe space*, und *Luzmila Quezada Barreto* aus Peru macht auf der individuellen Ebene das *Empowerment* von Frauen stark. Die Autorinnen bedienen sich der Methodologie »Narrativer Theologie«[50], um Alltagserfahrungen (*lo cotidiano*)

---

[49] Longkumer, 370f.
[50] Vgl. Rosemary P. Carbine, Turning to Narrative. Toward a Feminist Theological Interpretation of Political Participation and Personhood, in: Journal of the American Academy of Religion vol. 78 no. 2 (2010), 375–412.

von Frauen in Peru und die ›gelebte Gemeindetheologie‹ von Frauen und Männern in der *Anglican Church* in Kenia einbeziehen zu können.

Frappierend ist, dass die Problematik der Gewalt im Geschlechterverhältnis seit mehr als zwanzig Jahren nach der »Ökumenischen Dekade Kirchen in Solidarität mit den Frauen« (1988–1998)[51] und der »Dekade zur Überwindung von Gewalt« (1999–2009)[52] leider immer noch hochaktuell ist.

Etwas hat sich jedoch verändert. Geschlechterbewusste Theologie wird heute vielerorts im Dialog zwischen Frauen und Männern entwickelt.[53] Mithilfe der *Contextual Bible Study Method* arbeiten Mombo und Joziasse mit Frauen *und* Männern, um ans Licht zu bringen, in welcher Weise theologische Aussagen an Frauen und Männer auf geschlechtsspezifisch gefärbte Weise von den Kirchen vermittelt wurden und wie sie jeweils rezipiert wurden. Auch für Männer existiert keine *after violence* Situation, aber sie fühlen sich insgesamt sicherer, leiden eher unter politisch motivierter Gewalt und Machtkämpfen als unter häuslicher Gewalt, während eine hohe Anzahl von Frauen darüber hinaus mit sexualisierter Gewalt von Männern und Geschlechterhierarchien zu kämpfen hat.

Der Beitrag appelliert an den prophetischen Auftrag der Kirche, Gewaltsituationen zu ächten, zu unterbrechen, zu verhindern und Schutz gegen Gewalt zu gewähren, und zwar durch biblische Narrative und Rituale,[54] aber auch durch die Theologie, wie es Mombo und Joziasse am Beispiel Soteriologie aufzeigen. Erlösung (*being saved*) ist nicht nur in Bezug auf die individuelle Sünde zu denken, sondern auch als gemeinschaftliche Befreiung von geschlechtsspezifischer Gewalt (*be safe in the church*).[55]

Quezada Barreto illustriert an der Biographie von *Flor la poetiza*, wie eine Frau aus einem Elendsviertel in Lima – trotz erlittener familiärer und sexualisierter Gewalt – zum Familienoberhaupt und zu einer Führungspersönlichkeit

---

[51] ÖRK (Hg.), Die Ökumenische Dekade. Solidarität der Kirchen mit den Frauen, Genf 1990.

[52] Sogenannte *team visits* in den Mitgliedskirchen hatten vier Hauptprobleme in den Kirchen identifiziert: Rassismus, ökonomische Ungerechtigkeit, (Männer-)Gewalt gegen Frauen und die fehlende Partizipation von Frauen in Gesellschaft und Kirche; vgl. ÖRK (Hg.), Lebendige Briefe. Bericht über die Besuche bei den Kirchen während der Ökumenischen Dekade – Kirche in Solidarität mit den Frauen, Genf 1997.

[53] Vgl. auch Heike Walz/David Plüss (Hg.), Theologie und Geschlecht. Dialoge querbeet, Münster 2008.

[54] Vgl. Hans-Martin Gutmann, Gewaltunterbrechung. Warum Religion Gewalt nicht hervorbringt, sondern bindet, Gütersloh 2009.

[55] Vgl. Mombo/Joziasse, 385.

wird. Der Blick soll sich auf das *Empowerment* von Frauen richten, was gegenwärtig als Fähigkeit zur »Resilienz«[56] interdisziplinär untersucht wird.

Die Beiträge aller Theologinnen bilden seismographisch ab, dass im globalen Süden nicht von einem Zustand »*after violence*« gesprochen werden kann. In vielen Ländern in Afrika, Asien und Lateinamerika fanden im 20. Jahrhundert in hohem Ausmaß illegitime und illegale Gewaltausübungen statt, durch Genozide, Militärdiktaturen, Apartheidregimes oder Bürgerkriege.[57] Seit den 1980er-Jahren konnten vielerorts politische Transformationsprozesse initiiert werden, an denen religiöse Institutionen, christliche Kirchen und ökumenische Bewegungen zum Teil sogar maßgeblich an der Herausbildung einer Zivilgesellschaft beteiligt waren.[58] Gleichwohl sind die Länder in hohem Maße mit Formen struktureller, kultureller und symbolischer Gewalt[59] konfrontiert. Dass die Ursachen oft weit in die Zeit der Mission und Kolonialisierung zurückreichen und durch die neueren Globalisierungsprozesse seit den 1990er-Jahren verstärkt werden, zeigt sich beispielsweise auch am Konflikt um das *buen vivir* in Lateinamerika.

Trotz der Implementierung von *transitional justice* (Übergangsgerechtigkeit) und der verstärkten Verankerung von Menschenrechten in Verfassungen, Rechtssystemen, gesellschaftlichen und religiösen Diskursen ist die Frage bei Weitem nicht gelöst, wie Menschen, Gesellschaften und religiöse Gemeinschaften mit den traumatisierenden Folgen der Gewalt weiterleben können. Deshalb erscheint die Rede vom Zustand »nach der Gewalt« (*after violence*) als romantisierend, da sie voraussetzt, es gebe ein Kontinuum zwischen einem »vorher« (*before*), »während« (*during*) und »danach« (*after*), wie es der südafrikanische Theologe Tinyiko Maluleke pointiert ausdrückt:[60]

> »If, however, we subscribe to the notion that violence is intrinsic and inherent to human life and human coexistence with fellow humans and with other creatures, then we cannot seriously speak of ›after violence‹, except in a temporary and metaphorical sense. If violence is a chronic

---

[56] Vgl. Viriginia Azcuy, Mujeres ante la crisis. Sobre la resiliencia espiritual, Buenos Aires 2007; Klaus Fröhlich-Gildoff/Maike Rönnau-Böse, Resilienz, Stuttgart/München 20143.

[57] Vgl. Christine Lienemann-Perrin/Wolfgang Lienemann (Hg.), Kirche und Öffentlichkeit in Transformationsgesellschaften, Stuttgart 2006.

[58] Vgl. beispielsweise zu Brasilien Rudolf von Sinner, The Churches and Democracy in Brazil. Towards a Public Theology Focused on Citizenship, Eugene 2012.

[59] Vgl. Anm. 5.

[60] Vgl. Tinyiko Sam Maluleke, After Violence, (No) More Violence? A South African Perspective, in: Andrea Bieler/Christian Bingel u. a. (Hg.), After Violence. Religion, Trauma and Reconciliation, Leipzig 2011, 19–36, 22.

human condition, it can only be managed, not prevented, mitigated, not eliminated, controlled, not healed. ... For millions of people in this world, ›after violence‹ is a fairway dream. ... Paint an ›after violence‹ scenario to women trapped in violent relationships, and they might accuse you of insensitivity and even complicity in their plight.«[61]

After violence, damit ist die Gewalt der »beschädigten Erinnerungen, der traumatisierten Personen, der brutal behandelten Psychen und terrorisierten Seelen«[62] gemeint. Männergewalt gegen Frauen und sexualisierte Gewalt (*gender based violence*) sind eine Facette davon. Auch in der Lateinamerikaforschung spricht man deshalb von einer Situation des »(Post-)Konflikts«, da solche Gesellschaften nicht in eine »konflikt- oder gewaltfreie ›Nach-Konflikt‹-Phase eingetreten sind«.[63] Im Blick auf die Kirchen forderte Maluleke schon vor vielen Jahren in Südafrika, den oft unsichtbaren »Bund der Gewalt gegen Frauen zu brechen«.[64]

2.4 »Intersektionalität« von Gewaltstrukturen – *avant la lettre*

Charakteristisch für Theoretikerinnen und Theologinnen im globalen Süden ist, dass sie komplexe Verflechtungen verschiedener struktureller Ursachen berücksichtigen. Wenn Beise Ulrich und Ludeña Cebrian das indigene Konzept des *buen vivir* diskutieren, geht es um Verflechtung von Geschlecht mit Gewalt gegen die *Natur und indigene Völker* in Brasilien. Longkumers Vergleich zwischen Hildegard von Bingen und Mirabai zeigt, wie sie sich *religiösen und kulturellen* Machtstrukturen ihrer Zeit widersetzen. Mombo, Joziasse und Quesada Barreto befassen sich mit der Verschränkung von *Gewalt, Sexualität und Religion* in der Kirche und Familie.

In den deutschsprachigen Gender Studies werden solche Verflechtungen unter dem Begriff der »Intersektionalität«[65] erst seit Kurzem prominent diskutiert, an-

---

[61] A .a. O. 22f.
[62] A. a. O. 24.
[63] Ernst Halbmayer/Sylvia Karl, Einleitung: Heterogenitäten des (Post-)Konflikts. Erinnerte Gewalt und multiple Friktionen in Lateinamerika, in: Dies. (Hg.), Die erinnerte Gewalt. Postkonfliktdynamiken in Lateinamerika, Bielefeld 2012, 7–30, 11.
[64] Vgl. Tinyiko Sam Maluleke/Sarojini Nadar, Breaking the Covenant of Violence Against Women, in: Journal of Theology for Southern Africa No. 114 November (2002), 5–17.
[65] Vgl. Katharina Walgenbach/Gabriele Dietze u. a., Gender als interdependente Kategorie. Neue Perspektiven auf Intersektionalität, Diversität und Heterogenität, Opladen/Farmington Hills 2007; Gabriela Winkler/Nina Degele, Intersektionalität. Zur Analyse sozialer Ungleichheiten, Bielefeld 2009.

satzweise auch in der deutschsprachigen Theologie.[66] Das Konzept der Intersektionalität wird auf die US-amerikanische Rechtstheoretikerin Kimberlé W. Crenshaw zurückgeführt. Mit *intersectionality* beschrieb sie in der englischen Erstveröffentlichung 1989 die Wechselwirkungen zwischen sexistischer und rassistischer Diskriminierung,[67] die sie mit einer Verletzung an einer Straßenkreuzung verglich:

> »Nehmen wir als Beispiel eine Straßenkreuzung, an der der Verkehr aus allen vier Richtungen kommt. Wie dieser Verkehr kann auch Diskriminierung in mehreren Richtungen verlaufen. Wenn es an der Kreuzung zu einem Unfall kommt, kann dieser von Verkehr aus jeder Richtung verursacht worden sein – manchmal gar von Verkehr aus allen Richtungen gleichzeitig. Ähnliches gilt für eine Schwarze Frau, die an einer ›Kreuzung‹ verletzt wird; die Ursache könnte sowohl sexistische oder auch rassistische Diskriminierung sein.«[68]

Intersektionalität ist somit ein Instrument, um verschiedene Faktoren struktureller Diskriminierung bis hin zu Gewaltstrukturen analysierbar zu machen.[69] Noch besteht aber kein Konsens darüber, ob Intersektionalität als ein Konzept, eine Theorie, heuristisches Instrument[70] oder »neues Paradigma«[71] zu gelten hat. Fest steht nur: Geschlecht kann »nicht isoliert betrachtet werden«.[72]

Die deutschsprachige Rezeption übersieht jedoch, dass die feministische Theoriebildung im globalen Süden und befreiungstheologisch orientierte Frauen-

---

[66] Vgl. Ute Eisen/Christine Gerber u. a. (Hg.), Doing Gender – Doing Religion. Fallstudien zur Intersektionalität im frühen Judentum, Christentum und Islam, Tübingen 2013; Heike Walz, Gal 3,26–28 und die Taufe. Ökumenische Visionen zur Verwandlung des Zusammenlebens angesichts der Intersektion von Ethnie, sozialer Klasse und Geschlecht, in: Günter Ruddat (Hg.), Taufe – Zeichen des Lebens. Theologische Profile und interdisziplinäre Perspektiven, Neukirchen-Vluyn 2013, 145–164.
[67] Vgl. Kimberlé W. Crenshaw, Die Intersektion von ›Rasse‹ und Geschlecht demarginalisieren. Eine Schwarze feministische Kritik am Antidiskriminierungsrecht, der feministischen Theorie und der antirassistischen Politik, in: Helma Lutz/María Teresa Herrera Vivar u. a. (Hg.), Fokus Intersektionalität. Bewegungen und Verortungen eines vielschichtigen Konzeptes, Wiesbaden 2013, 35–59.
[68] A. a. O. 40.
[69] Welche ›Sektoren‹ (*sections*) verschränken sich miteinander – Geschlecht, ethnische Herkunft, Hautfarbe, sozialer Status, Kultur, Alter, Befähigung/Behinderung, Gesundheit/Krankheit, Körper, Sexualität, außermenschliche Natur, Religion und Konfession?
[70] Kathy Davis, Intersektionalität als ›Buzzword‹. Eine wissenschaftssoziologische Perspektive auf die Frage: »Was macht eine feministische Theorie erfolgreich?«, in: Lutz/Vivar u. a. (Hg.), Fokus Intersektionalität, 59–74, 59.
[71] Lutz/Vivar u. a., Fokus Intersektionalität – eine Einleitung, in: Dies. u. a. (Hg.), Fokus Intersektionalität, 9–31, 26.
[72] Katharina Walgenbach, Gender als interdependente Kategorie, in: Dies./Dietze u. a. (Hg.), Gender als interdependente Kategorie, 23–64, 23.

theologien seit den Anfängen »intersektional« angelegt waren, auch wenn sie nicht unbedingt diesen Begriff, sondern eigene Termini verwendet haben.[73] Lateinamerikanische und hispanische Theoretikerinnen in den USA diskutierten strukturelle Ursachen von Geschlechterdiskriminierung und -gewalt bereits in den 1980er-Jahren unter den Begriffen *imbricación* (Überlappung) oder *bridging* (Überbrücken oder Brücken schlagen).[74] In der Lateinamerikaforschung wird seit einigen Jahren der Begriff »interdependente Ungleichheitslagen« (*desigualdades*)[75] verwendet.

Die römisch-katholische Theologin Virginia Azcuy aus Argentinien bezeichnete die Überschneidung von geschlechtlichen und sozioökonomischen Gewaltstrukturen als *encrucijada* im Sinne von »Kreuzung, Scheideweg«[76] und *entrecruzamiento* (Überkreuzung).[77] Azcuys kreuzestheologische Deutung ist unübersehbar: Die durch Gewalt- und Unrechtsstrukturen ans Kreuz geschlagenen ›Armen‹, insbesondere Frauen, sollen »vom Kreuz genommen werden«.[78]

In meiner Zeit als Professorin am *Instituto Universitario ISEDET* in Buenos Aires führten wir 2005 eine Konferenz mit lateinamerikanischen Aktivistinnen und Theologinnen durch. Die Vorträge wurden unter dem Titel *El mundo palpita. Economía, género y teología* als Buch veröffentlicht, frei übersetzt: »Das Herz der Welt schlägt. Ökonomie, Geschlecht und Theologie«.[79] Im Vorwort erläutert Judith VanOsdol: Was früher »multiple Diskriminierung« genannt wurde

---

[73] Hier nehme ich Gedanken und Formulierungen auf aus Heike Walz, Von intersektionalen zu postkolonialen Analysen? Inklusive Kirche in Afrika und Lateinamerika, in: Maren Jochimsen/Thorsten Knauth (Hg.), Einschließungen und Ausgrenzungen. Zur Intersektionalität von Religion, Geschlecht und sozialem Status für religiöse Bildung, Münster (in print).

[74] Vgl. zu den Termini Marta Isabel Zapata Galindo, Intersektionalität und Gender Studies in Lateinamerika, in: Querelles. Jahrbuch für Frauen- und Geschlechterforschung vol. 16 (2013), 1–22.

[75] Vgl. das internationale Forschungsprojekt der Lateinamerikastudien an der Freien Universität Berlin, www.desigualdades.net (10.10.2015).

[76] Vgl. den Titel ihres Bandes »En la encrucijada del género« (Virginia R. Azcuy, Teología antes el reto del género. La cuestión y el debate antropológico, in: Dies. (Hg.), En la encrucijada del género. Conversaciones entre teología y disciplinas, Buenos Aires 2004, 9–37), frei übersetzt »Geschlecht auf der Wegkreuzung«.

[77] A. a. O. 16.

[78] Vgl. José María Vigil (Hg.), Getting the Poor Down from the Cross. Christology of Liberation, Digital Publication, EATWOT, 20072.

[79] Nancy Bedford erläutert, dass der Buchtitel von dem Gedicht *Vida* der argentinischen Feministin Alfonsina Storni (1892–1938) inspiriert sei: »el mundo late. Nuestro mundo, este globo terráqueo, palpita; su corazón late, pleno de promesas y posibilidades.« (*Die Welt pocht. Unsere Welt, dieser Erdglobus bewegt sich unaufhörlich; sein Herz schlägt, voll von Versprechungen und Möglichkeiten*, ÜS HW); Nancy E. Bedford, »El mundo late«. La fe de las mujeres latinoamericanas en tiempos de globalización, in: Dies./Marisa Strizzi (Hg.), El mundo palpita. Economía, género y teología, Buenos Aires 2006, 151–166, 166.

(Klasse, Ethnie, Geschlecht), sei jetzt als »Intersektionalität« anerkannt, bei der »sich verschiedene Formen der Gewalt und Marginalisierung überkreuzen, sich potenzieren und einen immer höheren Preis verlangten, insbesondere für Frauen«.[80]

Dieser Blick auf die Verflechtungen verschiedener Gewaltformen trat auch in meiner Studie zu »ekklesiologischen Signaturen« von Theologinnen aus verschiedenen Konfessionen in Lateinamerika und Afrika zutage.[81] Sie entwickelten theologische Visionen einer »inklusiven Kirche« und brachten verschiedene Dimensionen menschlicher Existenz ins Spiel, welche sich überkreuzen: Soziale, kulturelle und ökonomische wie auch körperliche, geschlechtliche, sexuelle, konfessionelle und religiöse Aspekte. Nie ging es um Geschlecht *an sich*, sondern immer um komplexe Verflechtungen der Geschlechterdimension mit anderen sozialen Komponenten.

3. Frauentheologien interkulturell und interreligiös – durch geteilte Gewalterfahrungen

»Feminist theology is multicultural in that it is found in diverse cultural forms, and also intercultural because of the way in which the experiences of women are inextricably bound up with one another across cultures – through patriarchy and the histories of slavery, colonialism and genocide.«[82]

Was macht nun das interkulturelle und interreligiöse Profil globaler theologischer Diskurse von Frauen aus? Am Beispiel der Beiträge der Theologinnen aus Brasilien, Peru, Indien und Kenia in diesem Heft lassen sich Einsichten zu Interkultureller und Interreligiöser Theologie aus der Feder von Frauen gewinnen.

Auslöser für die interkulturellen und interreligiösen Fragestellungen sind die »geteilten« (im Sinne von *shared*),[83] aber oft unterschiedlich erlittenen Gewalter-

---

[80] Judith VanOsdol, Prefacio. ¿Por qué justicia económica desde la óptica de género?, in: Bedford/Strizzi (Hg.), El mundo palpita, 7–8 (ÜS HW).
[81] Walz, ›Nicht mehr männlich und weiblich‹?, 13 und 129.
[82] Kim, Gender Issues in Intercultural Theology, 91.
[83] Hier nehme ich das postkoloniale Konzept des »entanglement« auf, d. h. die durch Kolonialismus und Globalisierung geteilte Geschichte; vgl. Sebastian Conrad/Shalini Randeria, Geteilte Geschichten – Europa in einer postkolonialen Welt, in: Dies. (Hg.), Jenseits des Eurozentrismus. Postkoloniale Perspektiven in den Geschichts- und Kulturwissenschaften, Frankfurt am Main/New York 2002, 9–49.

fahrungen im Kontext der Sklaverei, der Kolonialgeschichte bis hin zur gegenwärtigen Globalisierung. Dies führte schon früh zu internationalen Austauschprozessen zwischen Frauen aus verschiedenen Religionen. Deshalb sollte die Globalgeschichte der Frauentheologien spiralförmig als Verflechtungsgeschichte zwischen Frauen aus verschiedenen Kontinenten beschrieben werden. Gewalterfahrungen können nur intersektional analysiert werden, da sich Geschlecht und andere Diskriminierungs- und Gewaltstrukturen überkreuzen und wechselseitig potenzieren.

Die Theologinnen setzen hier die Hoffnung auf *Leben in Fülle* (Joh. 10,10) entgegen und regen an, interkulturell und interreligiös ausgehend vom Leben auf dem Planeten zu denken (*Planetarische Theologie*) und die spirituelle Kraft der Mystik (insbesondere der Mystikerinnen) für den interreligiösen Dialog und die Weiterentwicklung christlicher Theologie einzubeziehen (*Komparative Theologie*).

Eine theoretische Fundierung und methodische Reflexion Interkultureller und Interreligiöser Theologien von Frauen stehen freilich noch aus, aber es zeichnet sich ab, dass Kontextuelle und Interkulturelle Theologien ineinanderfließen. Es geht nicht nur um eine *Metareflexion* über die Methodik Interkultureller und Interreligiöser Theologie, sondern auch um materiale »*konstruktive*« Interkulturelle und Interreligiöse Theologie.[84] *Narrative Theologie* spielt als Methode eine wichtige Rolle, um gelebte Alltagserfahrungen und die gelebte Theologie von Frauen und Männern in den Gemeinden mit der wissenschaftlichen Theologie in Dialog zu bringen.

(Prof. Dr. Heike Walz ist Juniorprofessorin für Feministische Theologie und Theologische Geschlechterforschung im Fachbereich Religions-, Missionswissenschaft und Ökumenik an der Kirchlichen Hochschule Wuppertal-Bethel)

---

[84] Hier greife ich den US-amerikanischen Begriff der *Constructive Theology* auf; vgl. Serene Jones/Paul Lakeland (Hg.), Constructive Theology. A Contemporary Approach to Classical Themes, Minneapolis/Augsburg 2005.

ABSTRACT

The author attempts to enter in a postcolonial intercultural dialogue with the women theologians who wrote the four articles presented in this volume. She argues that the reflections made by Claudete Beise Ulrich, Dina Ludeña Cebrian, Atola Longkumer, Esther Momo, Heleen Joziasse and Luzmila Quezada Barreto underline the fact that women's theologies often address intercultural and interreligious questions. Therefore the author takes three steps. Firstly, she sketches the global history of Feminist Theologies since the 1960es up to the present context of globalization. Secondly, she discusses spiritual and theological insights turning around the vision of »Life in Abundance« (Joh. 10:10) elaborated by her interlocutors. She tries to describe them as facets of Planetary Theology, Comparative Theology and Narrative Theology in the context of gendered violence. Finally she provides insights into what could be learned from these approaches for the elaboration of Intercultural and Interreligious Feminist Theology.

Differenzhermeneutik oder Inselmentalität?

Anmerkungen zum EKD-Text »Christlicher Glaube und religiöse Vielfalt in evangelischer Perspektive« (Juni 2015)

Ulrich Dehn

Nach den beiden EKD-Texten »Christlicher Glaube und nichtchristliche Religionen« (2003, Kammer für Theologie) und »Klarheit und gute Nachbarschaft« (2006, Ad-hoc-Arbeitsgruppe) hat die Kammer für Theologie der EKD eine Fortschreibung »in Richtung einer Theorie des Pluralismus« (9) vorgelegt. Nachdem die beiden genannten Texte umstritten waren, der letztere von manchen Kritikern gar als missglückt und schädlich erachtet wurde, ist nun umso interessanter, wie der neue Text mit der Pluralität von Kulturen, Religionen, besonders mit einer Verhältnisbestimmung zum Islam und sonstigen Aspekten unserer Lebenswelten umgeht. Ein durchgehendes Motiv ist, Unterschiedlichkeit, auch religiöse, zu respektieren und nicht inklusivistisch zu vereinnahmen (15, 23 et passim). Neben zahlreichen Handlungsfeldern, in denen Pluralität und Vielfalt erlebbar und beobachtbar sind – wobei das Wort Pluralismus/pluralistisch im Text normalerweise als deskriptiver Begriff anstelle von plural benutzt wird – , gewährt die Schrift den Fragen nach Wahrheit, Dialog, Religionstheologie und der Differenzierung der Verhältnisse zu Judentum und Islam viel Raum. Im Unterschied zu »Klarheit und gute Nachbarschaft« wird hier die Teilnahme an den religiösen Festen anderer begrüßt und unter den Stichworten von Gast und Gastgeber und dem entsprechenden gegenseitigen Respekt behandelt sowie Anteilnahme am Gebet der anderen befürwortet, unter Verweis auf Jona 1,5f., und die »Sprachwelt der Psalmen« als eine mögliche Quelle für Gemeinsames benannt – und damit implizit eine Tür für gemeinsam gesprochenes Beten geöffnet (53). Die veränderte Einstellungspraxis diakonischer Einrichtungen und ihre Öffnung auch für nicht-evangelische oder nicht-christliche Mitarbeitende wird – mit einem Verweis auf Lk. 10 (»Barmherziger Samariter«) – als sinnvolle Reaktion auf die vielfältige religiöse und weltanschauliche Welt wahrgenommen.

Was jedoch möchte der Text sagen, wenn es heißt: »Religionen kommen nicht dadurch zustande, dass man sie als distanzierter Beobachter aus einer Vielzahl von Angeboten auswählt«? Es gehöre »vielmehr zur Wirklichkeit der Religion, dass sie bereits die Perspektiven prägt, unter denen wir Entscheidungen treffen« (32). Sofern es um das Thema der Distanz unter Absehung von Glauben geht, stellt sich die Frage, wie dies zu Tage tritt, und wer es wahrnimmt und beurteilt. In ähnlicher Weise nicht völlig verständlich und nachvollziehbar geht der Text auf das Stichwort der Patchwork-Religiosität ein, die in einer vielfältigen Religionskultur entstehen kann, jedoch, so der Text, von »konkreten Gestalten öffentlicher Religionsgemeinschaften« lebe – ohne diese verlaufe sich »die religiöse Bastelbiographie ins Unbestimmte« (62). Sicherlich ist Religiosität, die nicht aus und in der Bindung an eine Religionsgemeinschaft lebt, aus der Sicht der strukturierten Religionsgemeinschaften nicht wünschenswert, jedoch stellt sich die Frage, ob die Träger »religiöser Bastelbiographien« einer solchen Verantwortungsübernahme durch die EKD, die sie vielleicht vor dem Verlaufen ins Unbestimmte bewahren würde, wirklich bedürfen? Auch ist nicht ganz klar, wie die Autoren des Textes zwischen einem gewissermaßen legitimen Synkretismus in der Geschichte des Christentums (namentlich benannt wird die Ausformung des Weihnachtsfestes) und einem »Synkretismus als Programm« unterscheiden würden, der die Aufgabe verstelle, »sich Fremdes kreativ aus dem Geist des Evangeliums anzueignen« (37).

Kernthemen des Grundlagentextes sind die Hinweise zu einer Theologie der Religionen und eine Verhältnisbestimmung gegenüber Judentum und Islam. Nachdem in der Handreichung »Zusammenleben mit Muslimen in Deutschland« (2000) keine eindeutigen Aussagen zur Selbigkeit oder Nichtselbigkeit des christlichen und des islamischen Gottes getroffen wurden, jedoch das Gebet zu dem einen Gott auf dem Hintergrund unterschiedlicher Überzeugungen erwähnt wurde (42–45), gab es in den späteren EKD-Texten (2003, 2006) eine Tendenz der weiteren Verunklarung zu diesem Thema. Diese Tendenz wird im vorliegenden Text leider nicht gebrochen. Mehrfach werden Aussagen gebrandmarkt, die vermeintlich im Umfeld einer pluralistischen Religionstheologie anzutreffen sind, so im Zuge der Integration der »Vielfalt der Religionen in eine Grundbeziehung zu einer letzten, allen Religionen gleichermaßen transzendenten Wirklichkeit« die »Behauptung, alle glaubten im Grund doch dasselbe«, welche eine Verharmlosung darstelle (30f.). Gleich zu Beginn des Abschnitts zur Religionstheologie setzt der Text erneut eine Spitze gegen die pluralistische Religionstheologie, die ihren Gedanken, »alle Religionen seien mit derselben transzendenten göttlichen Realität vertraut, jede dieser Religionen entwerfe aber ein perspektivisches, einseitiges und daher bloß subjektives Bild«, durch einen »klammheimlichen Überbietungsanspruch gegenüber den historischen Religionen« erkaufe und sich den »Überblick eines unabhängigen Richters« anmaße (60). Mir ist kein pluralistisch-religionstheologisches Konzept bekannt, das sich hier korrekt dargestellt fühlen könnte.

Eine Nagelprobe und ein Teilthema innerhalb der religionstheologischen Debatte stellt die Frage nach dem Gottesgedanken in der Kommunikation gegenüber dem Islam und dem Judentum dar. Hier setzt sie ein mit der Vorgabe, »die Auffassung, alle drei (Judentum, Christentum und Islam – UD) glaubten an denselben Gott«, bleibe »eine Abstraktion, die von allem absieht, worauf es in Judentum, Islam und Christentum konkret ankommt. Leere Abstraktionen helfen nicht weiter« (64f.). Die Differenz der drei Traditionen wird exemplarisch an der unterschiedlichen Abraham-Rezeption und an Konnotationen des Gottesgedankens aufgewiesen, was im Duktus des Textes bedeuten mag, dass jenseits der »leeren Abstraktion« die Konkretion eben Unterschiedlichkeit nahelegt, und hier gilt die durchlaufende Einsicht, dass der Dialog »eine ernsthafte Anerkennung der Andersheit des Anderen verlangt« (65). Führt dies nicht zu der Konsequenz, von einer Vielzahl von Göttern ausgehen zu müssen, oder christlich-theologisch gesprochen dem Islam, wenn nicht gar auch dem Judentum, die Anbetung eines Götzen attestieren zu müssen? Ist ein solcher Gedanke wirklich der »leeren Abstraktion« ein und desselben Gottes vorzuziehen, darf der Joker des Respektes gegenüber dem Anderssein so weit gereizt werden? Der Text weist darauf hin, dass das Verhältnis zum Judentum aufgrund der bleibenden Verbundenheit des christlichen Glaubens mit der Geschichte des jüdischen Volkes nicht einfach der allgemeinen Differenzhermeneutik gegenüber den anderen Religionen eingeordnet werden dürfe (68). Dieser begrüßenswerte Gedankengang bleibt jedoch eine einleuchtende theologische Begründung schuldig, warum zur Gottesfrage die Grenzlinie gegenüber dem Islam gezogen wird, der sich ebenfalls auf Motive und Traditionen der hebräischen und griechischen Bibel bezieht. Zur vom Text zurecht oft beschworenen Anerkennung der Andersheit des Anderen würde es auch gehören, den Anspruch der Muslime, dass sie zum selben Gott beten wie die Juden und Christen, ernst zu nehmen – damit die Differenzhermeneutik nicht die Akzeptanz des Anderen übermale und diese zur leeren Abstraktion verkomme.

Durch den Text scheint sich der rote Faden einer Vielfalts- und Differenzhermeneutik gegenüber der Pluralität der Religionen durchzuziehen, der das Bild der religiösen Inseln nahelegt. Zum einen wird der Anspruch erhoben, (nur) »in Umrissen die Aufgaben einer Theologie der Religionen zu skizzieren«. Zur Offenheit wird ermutigt und betont; »Verpflichtet ist [die Kirche] nicht einem bestimmten religionstheologischen Modell, sondern dem sie gründenden Evangelium« (76). Zum anderen werden hier und dort deutliche und weniger deutliche Abgrenzungen gegen die pluralistische Theologie der Religionen und gegen inklusivistische Vereinnahmungen vorgenommen. Damit engt sich die beanspruchte Offenheit des Feldes ein und es fragt sich, ob nicht ein offensives und argumentatives Benennen der kritisierten religionstheologischen Modelle sinnvoller gewesen wäre als die punktuellen Stiche, die nur ahnen lassen, was die Autor_innen der Studie wirklich wünschen.

Von diesen nicht ganz unerheblichen theologischen Anfragen abgesehen sehe ich den Text in seinen ersten Teilen als einen Fortschritt gegenüber früheren Äußerungen der EKD. In manchen Stellungnahmen und Tendenzen ist er wieder dicht an der gelungenen Handreichung »... und der Fremdling, der in deinen Toren ist« (EKD/DBK/ACK) von 1997. Er zeichnet sich durch eine realitätsnahe Wahrnehmung der Handlungsfelder und durch besonnene Abwägungen aus und bietet sich als ein Text an, der in einschlägigen Auseinandersetzungen zitiert werden kann. Religionstheologisch bleibt die Debatte in dieser Handreichung weiterhin offen, vielleicht auch als eine Abbildung der bleibenden Unklarheiten im evangelischen Raum, nachdem der römische Katholizismus mit *Nostra aetate* (1965) deutliche Zeichen gesetzt hat.

»Sie werden kommen vom Osten und vom Westen, vom Norden und vom Süden...«

Festakt, Symposium und Gottesdienst anlässlich der bevorstehenden Emeritierung von Prof. Dr. Dieter Becker

Verena Grüter

Interkulturelle Theologie entsteht aus Begegnungen von Christentümern verschiedener Kontexte. So war es programmatisch, dass solche Begegnungen im Mittelpunkt der Festlichkeiten vom 12. bis 14. Juni standen, mit denen die Augustana-Hochschule Prof. Dr. Dieter Becker anlässlich seines 65. Geburtstages ehrte. Bereits der Festakt am Freitagabend stellte eine solche internationale ökumenische Begegnung dar. Rektor Prof. Dr. Christian Strecker eröffnete ihn mit einer humorvollen, pointierten Ansprache. Darin hob er hervor, Dieter Becker habe durch die Einladung an Studierende und Promovierende aus verschiedenen Ländern die Welt auf den Campus geholt. Damit sei er offenbar dem asiatischen, zentripetalen Paradigma gefolgt, das die eigene Identität durch die Bewegung von außen nach innen konstruiert. In Verbindung mit der wissenschaftlichen Arbeit mit internationalen Promovierenden würdigte Strecker besonders die großzügige Gastfreundschaft, die von der ganzen Familie gegenüber den internationalen Gästen der Hochschule geübt wurde. Beckers akademischer Arbeit schrieb Strecker ein hohes Ansteckungspotenzial zu, seine verlässliche Teilnahme am geistlichen Leben auf dem Campus wertete er als wichtiges Signal. Das akademische und geistliche Wirken Beckers beschrieb Strecker zusammenfassend als Offenhalten der Möglichkeit, dass die Welt auch gerechter und liebenswürdiger sein könnte.

Wie eng geistliche und akademische Fragen in der theologischen Reflexion von Dieter Becker miteinander zusammenhängen, zeigte der Titel seiner Abschiedsvorlesung: »Glaube kontextuell – Wofür steht Interkulturelle Theologie?«. Unter Verweis auf die reformatorische Unterscheidung zwischen *fides quae* und *fides qua* bestimmte Becker die *fides qua* näher als Nachfolge, die in die Begegnung mit Gott und Menschen führt. Anknüpfend an den Beginn seiner wissenschaftlichen Lehrtätigkeit an der Theologischen Hochschule der Batak-Kirche auf Sumatra fasste er die Aufgaben Interkultureller Theologe unter dem Aspekt interkulturellen Zusammenlebens verschiedener Christentümer in den Blick. Dazu stellte er die Analyse der Transkulturationsprozesse christlicher Theologien unter postkolonialer Perspektive, die Frage nach der Normativität theologischer Aussagen angesichts ihrer Kontextualität und die drängenden ethischen Fragen ins Zentrum seine Ausführungen, die sich aus den postkolonialen Forschungen zur Rolle der Subalternen, der drängenden Flüchtlingsproblematik und der Haltung christlicher Kirchen gegenüber Israel und Palästina ergeben. Solchen Begegnungs- und Wahrnehmungsprozessen schrieb Becker das Potenzial zu, Interkultureller Theologie der westlichen Hemisphäre Wunden zu schlagen, ohne die es die Auferstehungsbotschaft allerdings nicht gebe.

Mit dem Gastredner des Festaktes, dem indischen katholischen Theologen Prof. Dr. Felix Wilfred, Herausgeber der Zeitschrift Concilium und Leiter des Institute for Christianity in Asia, kam eine prominente Stimme asiatischer Befreiungstheologie zu Wort. Er forderte eine Erneuerung traditioneller Theologien aus der Begegnung mit christlichen Bewegungen der südlichen Hemisphäre. Sein Vortrag unter dem Titel »Theologie mit dem Gesicht zur Welt« gab substanzielle Antworten auf die Frage von Dieter Becker. Felix Wilfred nahm die Verlagerung des Gravitationszentrums der Weltchristenheit in den globalen Süden zum Anlass, traditionelle theologische Ansätze auf ihre Beziehung zur Lebenswirklichkeit der Gläubigen zu befragen. Intellektuellen theologischen Diskursen ohne Bezug zu den Lebensverhältnissen von Menschen stellte er die Forderung entgegen, christliche Theologien im einundzwanzigsten Jahrhundert müssten sich aus der Begegnung mit »post-metaphysischen« christlichen Bewegungen des Südens, mit Befreiungstheologien, interreligiösen Dialogen und pentekostalen Theologien erneuern. Auf die Verschiebung weg von der Bekenntnisidentität und hin zur Betonung der Erfahrung sei Theologie herausgefordert, zu einer Praxis des Gottesreichs zu werden, die Erfahrung und Begegnung als Schlüsselkategorien neuer Paradigmen des Glaubens reflektiert.

Ganz im Zeichen internationaler ökumenischer Begegnungen stand das Symposium am 12. und 13. Juni, zu dem ehemalige DoktorandInnen und Habilitanden von Dieter Becker aus Indonesien und Korea, aus Brasilien, Tansania und verschiedenen Teilen Deutschlands angereist waren. In ihren Vorträgen untersuchten sie exemplarische Herausforderungen für christliche Theologie ihrer jeweiligen Kontexte. Ein gemeinsames Thema verband je einen Vortrag aus einem Land der südlichen Hemisphäre mit einer deutschen Perspektive.

Der zentralen Bedeutung Indonesiens für Dieter Beckers Berufsbiografie entsprach es, dass das erste Referat eine indonesische Stimme zu Gehör brachte. Dr. Jozef Hehanussa fragte in seinem Vortrag nach der Aufgabe Öffentlicher Theologie der christlichen Minderheit in der multireligiösen Gesellschaft Indonesiens und stellte das Zeugnis für interreligiösen Dialog und Friedensethik kritisch einer einseitig auf das Wachstum christlicher Kirchen ausgerichteten Theologie gegenüber. Die Rolle religiöser Minderheiten für Religion und Theologie der Mehrheitsgesellschaft thematisierte der Vortrag von Prof. Dr. Wilhelm Richebächer aus der Perspektive christlicher kultureller Minderheiten in Deutschland. Er erörterte das Gespräch mit Christentümern verschiedener Kulturen in Deutschland als Herausforderung an die deutsche akademische Theologie.

Pentekostale Bewegungen bildeten den inhaltlichen Fokus der beiden Vorträge der brasilianischen Theologin Dr. Marceli Fritz-Winkel und des Direktors des Zentrums für Mission und Ökumene – Nordkirche weltweit, PD Dr. Klaus Schäfer. Fritz-Winkel untersuchte in ihrem Beitrag die Auseinandersetzung der Lutherischen Kirche in Brasilien mit den Pfingstkirchen, die sich insbesondere in Fragen des Gemeindeaufbaus, der Taufe und der Bedeutung von Heilung niederschlagen. Schäfer dagegen richtete den Blick auf die Auseinandersetzung der ökumenischen Bewegung mit Pentekostalen Kirchen und Theologien. Er stellte Themenfelder und Konflikte vor und arbeitete darüber hinaus auch die theologischen Annäherungen heraus, die die ökumenische Bewegung in Gesprächen mit Pfingstkirchen erzielt hat.

Transkulturationsprozesse in der Spiritualität christlicher Kirchen untersuchten Dr. Malte Rhinow, Professor an der Lutherischen Universität in Yongin/Seoul und PD Dr. Moritz Fischer vom Evangelischen Bund Bayern. Rhinow zeigte an Einzelstudien die Entstehung des Morgengebets christlicher Kirchen in Korea unter dem Einfluss von Morgengebeten nicht-christlicher Traditionen auf. Fischer stellte Merkmale religiöser Identitätsbildung von Migrationsgemeinden in Deutschland anhand spezifischer Formen ihrer Spiritualität dar.

Die Bedeutung postkolonialer Perspektiven für die Interkulturelle Theologie zeigten die beiden Vorträge von Dr. Emanuel Kileo von der Stephano Moshi Memorial University in Tansania und Prof. Dr. Andreas Nehring von der Friedrich-Alexander-Universität Erlangen auf. Kileo setzte kirchliche Partnerschaftsarbeit einer kritischen Untersuchung auf der Grundlage der »critical-whiteness-studies« aus und deckte verbreitete Vorurteile sowie verdeckte Privilegien auf der Seite der weißen Kirchen auf. Damit unterstrich er die hoch aktuelle Bedeutung postkolonialer Ansätze in der Interkulturellen Theologie für die Arbeit gegen Rassismus in Kirche und Theologie. Andreas Nehring setzte sich aus postkolonialer Perspektive mit der Frage von Zentrum und Peripherie in der Missionstheologie auseinander, wie sie auch die jüngste Missionserklärung des Ökumenischen Rates der Kirchen bestimmt. Ausdrücklich würdigte er das theologische Lebenswerk von Dieter Becker, der die Stimmen der Subalternen in der deutschen protestantischen Theologie bereits früh zu Gehör gebracht habe. In einem fulminanten Plädoyer forderte er abschließend die Interkulturelle Theologie auf, sich von den identitätskonstituierenden Idealisierungen kontextueller Theologien zu verabschieden und die bleibenden universalistischen Denkstrukturen zu dekonstruieren, um das Allgemeine und das Besondere in den Prozessen der Bildung religiöser Identitäten aufzuzeigen.

Das Symposium hat in beeindruckender Weise deutlich gemacht, wie vom Lehrstuhl Interkulturelle Theologie, Missions- und Religionswissenschaft der Augustana-Hochschule durch das Wirken von Dieter Becker wichtige Impulse in die theologische Arbeit von Kirchen und Hochschulen in Asien, Afrika, Lateinamerika und Deutschland gegangen sind.

Es wurde beschlossen mit einem festlichen Abend, der Musik als Aspekt der Performanz christlicher Spiritualität erfahrbar machte. Mit einem verbreiteten christlichen Lied aus Indonesien, das wohl eine Art christlichen Sacro-Pop repräsentierte, rief Jozef Hehanussa bei Familie Becker Erinnerungen an ihre Lebensphase in Indonesien wach. Moritz Fischer zeigte den Ausschnitt eines Films, den er anlässlich des Besuchs von Ehepaar Becker in Tansania gedreht hatte. Darin erklang eine gottesdienstliche Liturgie mit faszinierenden Gesängen der Massai. Malte Rhinow präsentierte christliche Gesänge im Stile koreanischer Musik und einen traditionellen koreanischen Fächertanz, der Eingang in eine Liturgie gefunden hat. Verena Grüter schließlich stimmte mit allen Gästen den uruguayischen Tango *Vamos, que ya vienen nuevos días* an: In Südamerika kleidet sich die Botschaft christlicher Hoffnung auf Gerechtigkeit und Zukunft immer in die Erfahrung von Leiden. So transzendiert der Tango die gegenwärtig erfahrene Unterdrückung und Ausgrenzung auf die Hoffnung lebenswerten Lebens hin. Der Abend bot darüber hinaus Gelegenheit zu Begegnung und persönlichem Austausch zwischen ehemaligen DoktorandInnen und Habilitanden von

Dieter Becker und seiner Familie, WegbegleiterInnen, Studierenden der Hochschule und vielen Interessierten an Mission und Interkultureller Theologie. Eine Fotoschau dokumentierte den Berufsweg von Dieter Becker, der eng mit dem Lebensweg der gesamten Familie verknüpft ist, und gab vielen Erinnerungen der anwesenden FreundInnen und WegbegleiterInnen der Familie Raum. Der Abend klang aus mit dem gemeinsam gesungenen Lied *Der Tag, mein Gott, ist nun vergangen*, das ChristInnen in verschiedenen Teilen der Erde miteinander verbindet.

Abschied und Neubeginn, Segen und Sendung wurden erbeten und zugesprochen im Gottesdienst am Sonntag in der Laurentiuskirche. Studierendenpfarrer Janning Hoenen leitete die Liturgie. Der emeritierte Heidelberger Missionswissenschaftler Prof. Dr. Theo Sundermeier, der Dieter Beckers Habilitation einst begleitet hatte, bezeichnete in seiner Predigt über Matthäus 5, 13 – 16 das Doppelwort vom Salz und Licht als einen Gründungstext der christlichen Kirche. Er deutete ihn auf die missionarische Kraft christlicher Gemeinden weltweit und hob wertschätzend das Wirken der Neuendettelsauer Mission hervor. OKR Helmut Völkel nahm die formale Entpflichtung von Dieter Becker vor. DoktorandInnen und HabilitandInnen brachten in ihren Fürbitten die Situation ihrer jeweiligen Kirchen vor Gott. Musikalisch wurde dieser Gottesdienst von Matthias Querbach und Jörge Becker mit Musik für Orgel und Trompete festlich gestaltet.

Dieser akademische und zugleich festliche Akt hat in beeindruckender Weise deutlich gemacht, wie das Wirken von Dieter Becker über mehr als zwanzig Jahre hinweg internationale ökumenische Beziehungen in der theologischen Arbeit und dem konkreten menschlichen Miteinander der Augustana verankert hat. Dass all dies ohne die engagierte Mitarbeit der Lehrstuhlsekretärin Petra Anna Götz nicht möglich gewesen wäre, weiß niemand besser als Dieter Becker selbst. Viele herzliche Begegnungen mit ehemaligen DoktorandInnen in diesen Tagen legten Zeugnis dafür ab, wie ihr Wirken auch die Fertigstellung mancher Dissertation unterstützt hat. Möglich wurde das Symposium in dieser Form nur durch die substanzielle Kooperation des *Centrums Mission EineWelt*, der *Deutschen Gesellschaft für Missionswissenschaft*, der *Vereinten Evangelischen Mission* und des *Evangelischen Missionswerks in Deutschland* mit der Augustana-Hochschule. Ihnen sei an dieser Stelle sehr herzlich für ihre Unterstützung gedankt.

Heinrich Balz, **Ngoe – Osiris – Aeneas** (=Religionswissenschaft: Forschung und Wissenschaft, Bd. 11), Berlin: Lit Verlag 2014, 192 S., EUR 29.90

Um die Religionsethnologie ist es in den vergangenen Jahrzehnten still geworden. Feldforschung scheint unter jüngeren Religionswissenschaftlern – bei aller Beliebtheit von Auslandsaufenthalten – weitgehend an Interesse verloren zu haben und von bahnbrechenden religionsethnologischen Werken war in den letzten drei Jahrzehnten keine Rede mehr. Vielleicht haben die ebenso spektakulären wie spekulativen Werke von Carlos Castaneda und Margret Mead den Markt auch übersättigt und die Leserschaft skeptisch werden lassen. Jedenfalls ist auch das Interesse des Publikums an Feldforschungsergebnissen geschwunden.

Da ist es umso erfreulicher, wenn ein erfahrener Religionsforscher und Afrikanist, der sechzehn Jahre in Afrika gelebt, geforscht und gelehrt hat und mit »Where the Faith has to Live. Studies in Bakossi Society and Religion« eine grundlegende Studie über eine schwarzafrikanische Gesellschaft vorgelegt hat, wieder einmal versucht, eine religionsethnologische Problemstellung in die allgemeine Religionsgeschichte einzubringen. In seinem neuen Werk trägt Heinrich Balz, emeritierter Professor für Religions- und Missionswissenschaft an der Humboldt-Universität zu Berlin, Erkennt-

nisse über die Totenbräuche, Ahnenverehrung und Gründerlegenden der schwarzafrikanischen, ägyptischen und römischen Religion zusammen und weist auf Parallelen zwischen ihnen hin. Balz' Untersuchungen nehmen ihren Ausgangspunkt in dem Gebiet, in welchem er selber am gründlichsten geforscht hat, von der Gesellschaft und Religion der Bakossi im Kameruner Waldland, die zu den Bantu-Völkern gehören. Auf den beiden übrigen Gebieten bezeichnet er sich selbst als »Liebhaber«, als ein »mit dem Stand der Forschung jeweils vertrauter Dilettant« (S. 9).

Schon am Titel des Buches wird erkennbar, dass nicht – wie sonst in der Religionswissenschaft üblich – Rituale und Kulte im Mittelpunkt stehen, sondern mythische bzw. legendäre Gestalten, in denen die Themen personal zusammengehalten sind. Balz vermeidet es also, die unterschiedlichen und geographisch weit getrennten Kulte klassifizierend einander zuzuordnen, sondern lässt vorrangig die in den Kulten aktivierten Inhalte zu Wort kommen, um auf »das Substrat« zu verweisen, auf welchem sich der Ahnenkult in einigen, wenn auch nicht allen Religionen bildet.

Die drei Untersuchungen können einzeln gelesen werden, zugleich sind sie über ihr gemeinsames Thema jedoch miteinander verbunden. Ihr Ziel ist allerdings keine Phänomenologie der Ahnenverehrung. Vielmehr zieht

Balz bestimmte Linien aus und verweist auf gewisse Gemeinsamkeiten, um dann »mit dem Vergleichen und Zusammendenken auf halbem Wege stehen zu bleiben und die Zusammenfügung der bereitgestellten Fragmente dem nachdenklichen Leser selber zu überlassen« (S. 183). Diese Formulierung des Autors klingt jedoch verunsichernder, als sie tatsächlich gemeint ist. Zur Erleichterung der Lektüre fasst Balz am Ende einer jeden Untersuchung die Ergebnisse seiner Überlegungen präzise zusammen (in zwei »Zwischenüberlegungen« und einem »Rückblick«), so dass dem Leser der Ertrag des jeweiligen Diskurses deutlich vor Augen gestellt wird.

Eines dieser Themen, die hier beispielhaft wiedergegeben werden sollen, ist die Bedeutung des Ödipus- bzw. Osiris-Mythos für die besprochenen Kulturen. Sigmund Freud hielt den Ödipus-Komplex für universal verbreitet. Gegen Freud hatte schon Jan Assmann die Osiris-Horus-Relation als die für den ägyptischen Kulturkreis wichtigere herausgestellt. Osiris, der durch die Hand seines Bruders Seth getötet und zerstückelt wird, wird durch seine Schwester und Gemahlin Isis wieder zusammengesetzt und zeugt noch ein Kind mit ihr, Horus, der in Dank und Erinnerung an seinen Vater lebt. Hier klingt das Motiv an, das nach Balz auch für die Völker Schwarzafrikas dominant ist. Völker, die im Sinne des Osiris-Horus-Mythos denken und handeln, verstehen sich als Nachgeborene, die in Verehrung von und in Kontinuität mit ihren Ahnen leben (während Kulturen, die im Sinne des Ödipus-Mythos denken, auf Loslösung von der vorhergehenden Generation und Innovation bedacht sind).

Insgesamt macht die vorliegende Arbeit von Balz überzeugend deutlich, wie fruchtbar es sein kann, religionsethnologische Aspekte mit hochkulturellen Religionsphänomenen vergleichend in Verbindung zu bringen. Hochkulturelle Religionen lösen die älteren ethnischen Religionen ja nicht einfach ab, sondern überlagern sie und bauen auf ihnen auf, also integrieren sie, weswegen entwickeltere Religionsformen ohne das Verstehen einfacherer Religionsformen gar nicht verstanden werden können.

Rainer Neu

Jörg Haustein, **Writing Religious History. The Historiography of Ethiopian Pentecostalism** (=Studien zur Außereuropäischen Christentumsgeschichte Band 17), Wiesbaden: Harrassowitz 2011, XVI + 295 S., EUR 38,00

Jörg Haustein geht es in seiner auf Englisch verfassten Heidelberger Dissertation nicht nur darum, die *Geschichte* der Pfingstbewegung in Äthiopien nachzuzeichnen. Er zielt vielmehr darauf ab, mit Blick auf eine Region und eine religiöse Formation zu konkretisieren, was unter *religiöser Historiographie* zu verstehen ist.

Was ist nun der genuine Forschungsansatz und Ausgangspunkt für seine Studie über die Entwicklung der Pfingstkirchen in dem nordostafrikanischen Land? Wie ging er dabei vor? Darüber gibt er im Vorwort Auskunft

(X-XIII): Er lebte zwar nie über einen längeren Zeitraum in Äthiopien, betrieb aber intensive Feldstudien im Zusammenhang mit drei Aufenthalten im Land zwischen 2003 und 2005 unter dem Motto des Sozialanthropologen Clifford Gertz »Being There«. Ein erster Blick auf die pfingstlich-charismatische Szenerie Äthiopiens bestätigte den Eindruck, dass es viel unbearbeitetes Material zur Geschichte des Christentums einzusehen gäbe, das keiner vergleichenden historisch-wissenschaftlichen Auswertung unterzogen wurde. Als Schwerpunkt für die Forschung legte sich die Großstadt Addis-Abeba nahe, wo fast alle Kirchen ihre Hauptbüros haben. Haustein bereiste aber auch abgelegene Regionen wie Bahir Dar im orthodoxen Norden und Awasa, wichtig für die Frühgeschichte der Pfingstbewegung in einer mehrheitlich protestantisch geprägten Region. Er besuchte dabei 60 unterschiedliche kirchliche Veranstaltungen, Gottesdienste sowie *meetings* und führte (zum Teil dann später transkribierte) 115 Interviews mit insgesamt 140 Informanten. Zudem war er in Genf (beim ÖRK) sowie in Schweden und Finnland, um die maßgeblichen Archive dortiger Pfingstmissionen zu konsultieren.

Seine grundsätzliche Frage gilt einer Geschichtsschreibung, welche die diskursive Grundstruktur historischer Wissensbestände ernst nimmt und dieser, gleichsam von sich selbst ausgehend, gerecht zu werden versucht. Um das seiner Leserschaft exemplarisch anschaulich zu machen, gliedert er sein Buch in sechs Kapitel:

Zunächst geht er in der Einführung (1.) auf die kontextuellen historischen Voraussetzungen ein, unter denen die Geschichte der Pfingstbewegung in Äthiopien für ihn zu erschließen war. Dazu gehören die politischen wie präkolonialen, kolonialen und postkolonialen staatlich-rechtlichen Bedingungen, die in Äthiopien herrschten und unter deren Druck nicht nur die Pfingstbewegung entstand, sondern denen auch die anderen konfessionellen Ausprägungen des Christentums ausgesetzt waren (1.1). Es folgt eine Zusammenschau der etappenweisen Ausbreitung verschiedener Pfingstkirchen (1.2). Sodann fragt er nach der Quellenlage (1.3), um schließlich die Bedeutung »historischer Narrative« hervorzuheben, mit Hilfe derer er »Geschichtsschreibung als Diskurs« bestimmt. An letzterem sind alle möglichen Akteure beteiligt: staatliche und kirchliche Verantwortungsträger sowie externe und interne Mitarbeiter von Missionsgesellschaften (1.4). Haustein fragt: »How can this rich source archive be traversed and analyzed in an academic history of Ethiopian Pentecostalism?« (S. 34).

Kapitel 2 widmet sich nicht nur der Geschichte der bis heute prominenten finnischen und schwedischen Pfingstmissionen. Vorgeschaltet sind ein Abschnitt zu den »Marginalized Foreign Missions« und die Frage nach dem Eigenbeitrag äthiopischer Akteure, mit dem diese zum Entstehen indigener kirchlicher Formationen beitrugen (2.1). Dass er danach fragt, ist bezeichnend für Hausteins exaktes wie sensibles Vorgehen, mit dem er nicht nur die vermeintlich offensichtliche historische Oberfläche abklopft, sondern, letztere vorsichtig dekonstruierend, nach der ungeschriebenen Hintergrundgeschichte fragt, die sich bestenfalls in Narrativen oder schwer zugänglichen Materialien zu erkennen gibt. Als »Masternarrativ« ist die Biographie des aus Kenia stammenden Erweckungspredigers und Pfingstmissionars Chacha Omahe anzusehen, besser, die vielen unterschiedlichen Versatzstücke, aus denen sich seine Lebens- und Wirkungsgeschichte zusammenmontieren lässt. Es liest sich äußerst spannend, wie seine Gestalt im Zusammenhang einiger Stränge der Geschichte der Pfingstbewegung konfiguriert und welche Querverbindungen zwischen einzelnen Akteuren und Begebenheiten nachweisbar sind oder zumindest diskutiert werden. Haustein macht an seiner Historiographie des Chacha Omahe (ca. 1930–1990) plausibel, warum von einer interaktiven netzwerkartigen Grundstruktur der weltweiten Pfingstbewegung zu sprechen ist. Omahe wurde von den US-amerikanischen Elim-Missionary-Assemblies als Talent entdeckt, berufsspezifisch als Bibelschullehrer qualifiziert, als Missionar ausgesandt und befördert – bis er in deren Kirche Pentecostal Missionary Assemblies of Africa (PEFA) »zu« eigenständige Wege zu gehen begann und nicht nur dort, sondern bald auch von den skandinavischen Missionen, deren Mitarbeiter er zeitweise war, disqualifiziert wurde. Dabei stellt er sich als Akteur heraus, der »seinen« Weg in Ostafrika geht. Er hatte großen, aber quantitativ nur schwer zu evaluie-

renden Einfluss, da von ihm in der offiziellen Pfingstkirchengeschichtsschreibung in eher mythisierenden Narrativen die Rede ist. Briefe, Interviews, Zeitungsberichte sowie von und über Chacha Omahe handelnde Zeugnisse sind hier wichtige Quellen. Als *Go-inbetween* bewährte der Kenianer sich in der konfliktreichen Gemengelage zwischen US-amerikanischen und europäischen Pfingstmissionen (Swedish Philadelphia Church Mission/ SPCM), aber noch mehr als afrikanischer Ausländer, Kenianer, der es versteht, Äthiopier zu begeistern und mit seiner prämillenaristischen Latter-Rain-Theologie. Dadurch provozierte er einen Trend, der hinführen sollte zur Befreiung von Bevormundung und Reglementierung von außerafrikanischen Missionen. Diese Unabhängigkeitsbestrebungen des indigenen erwecklichen Christentums stärkten die Herausbildung einer einheimischen Identität (S. 73–89). »Chacha« steht als Beispiel dafür, welchen Verästelungen Haustein als Historiograph nachspürt, wenn er die bisher bestehende Überlieferung sichtet und mit Bedacht dekonstruiert.

In Kapitel 3 werden die pfingstkirchlich relevanten Erweckungsbewegungen untersucht. Im 4. und 5. Kapitel geht es Abschnitt für Abschnitt um die Verfolgung der Kirchen durch das Königshaus, die Situation während der italienischen Kolonialherrschaft und Unterdrückung, der viele durch die Diktatur, beginnend im Jahre 1974 und fortdauernd bis 1991, ausgesetzt waren. Für die meisten war – bedroht von ständiger Verfolgung durch den

»Derg«, einer Art äthiopischer Geheimpolizei, die den Staat weitestgehend kontrollierte – eine pfingstliche religiöse Praxis nur noch im Untergrund möglich. Neben fünf exemplarisch herausgegriffenen Kirchen beschreibt der Autor auch die Situation der unabhängigen pfingstlichen Gruppierungen bis in die 1990er-Jahre hinein. Nicht deutlich wird, wie weit die Untersuchung zeitlich darüber hinaus reicht.

Insgesamt haben wir es, was besonders das abschließende 6. Theoriekapitel belegt, mit Geschichtsschreibung auf höchstem wissenschaftlichen Niveau zu tun. Allerdings wird diese eher von der internationalen *academic community* gelesen und verstanden werden, weniger von westlichen, afrikanischen und internationalen Pfingstkirchen sowie Ausbildungsstätten. Dass es seitens der äthiopischen Pfingstkirchen zu einer Auseinandersetzung mit diesem Werk aus der Feder eines »outsiders« kommen möge, ist höchst wünschenswert.

Einige kleine Anmerkungen: Haustein deutet in seiner Studie nicht an, aus welchen Motiven und mit welchem Ethos er Forschung zu diesem Thema treibt. Hätte es neben Äthiopien auch jede andere Weltregion sein können? Warum überhaupt steht die Pfingstbewegung im Focus? Auch gibt er dem Leser keine Auskunft darüber, dass und wie er als »teilnehmender Beobachter« zu seinen Informanten kommt und wie er in die *äthiopischen Pfingstkirchen* Eingang findet. Er initiiert im Gespräch mit ihnen einen spezifischen historischen Diskurs als Forscher, wo-

bei er – wie die anderen Teilnehmenden der Wahrhaftigkeit verpflichtet – auf Vertrauen angewiesen ist. Wurde er dabei nicht als Protagonist westlicher Theologie und per se dem christlichen Glauben zugehörig angesehen und angesprochen? Diesem christlichen Diskurs konnte er als poststrukturalistischer Historiograph der Pfingstbewegung Äthiopiens womöglich gar nicht entkommen.

Sehr nützlich ist der wissenschaftliche Apparat am Ende des Buches, unabdingbar das Abkürzungsverzeichnis zu Beginn. Hilfreich wären eine oder mehrere (historische) Karte(n) und eine Zeittafel zum Nachschlagen, um so die Lektüre zu unterstützen – wohl wissend, dass es sich dabei um (Hilfs-)Konstruktionen des westlichen Beobachters handelte. Als Historiograph hätte ich mir gewünscht, dass auch die der Debatte zugrundeliegende Historiographieforschung benannt wird: Wie sie etwa Jörg Osterhammel betreibt, wenn er nach der »Interaktionsgeschichte innerhalb weltumspannender Systeme« fragt.

Moritz Fischer

Dieter Klein, **Pioniermissionar in Kaiser-Wilhelmsland.** Wilhelm Diehl berichtet aus Deutsch-Neuguinea 1906–1913 (=Quellen und Forschungen zur Südsee, Reihe A: Quellen, Bd. 4), Wiesbaden: Harrassowitz Verlag 2014, 192 Seiten, 48,00 EUR

In den vergangenen Jahren hat die Auswahl, die Bearbeitung und die Herausgabe von historischen Quellen zur

Überseegeschichte, auch zur Missionsgeschichte, erfreulich zugenommen. Jedoch werden solche Arbeiten in der akademischen Welt zu wenig würdigend zur Kenntnis genommen. Dabei erfordert eine kommentierte kritische Edition oftmals genauso viel oder sogar mehr an Arbeitsaufwand und Kenntnisse von dem bearbeiteten historischen Gegenstand wie eine wissenschaftliche Abhandlung. Und es ist in der Regel schwerer, für solche editorischen Leistungen Sponsoren zu finden, um das Manuskript in einem Verlag unterbringen zu können.

Für letztes braucht allerdings derjenige, der sich mit historischen Themen zur Geschichte der Südsee befasst, nicht allzu viel Mühe und Verdruss aufbringen, denn in der von dem Bayreuther Historiker Hermann Hiery betreuten Reihe »Quellen und Forschungen zur Südsee« gibt es ausdrücklich eine Abteilung, in der eben »Quellen« veröffentlicht werden können. Diese ergänzt in hervorragender Weise die Forschungsergebnisse, in der Regel Dissertationen und Habilitationen, die in der »Forschungs«-abteilung publiziert werden. Ein Teil der bisher vorliegenden wissenschaftlichen Publikationen sind Werke zur Geschichte der christlichen Mission in der Südsee.

In dem vorliegenden Band sind die überlieferten Tagebücher des Pastors Wilhelm Diehl ediert. Die Publikation ergänzen die ebenfalls in der »Quellen«-Reihe als Band 1 publizierten Tagebücher seiner Ehefrau Johanna Diehl. Herausgeber in beiden Fällen ist Dieter Klein. Er hat auch dieses Mal ein sehr wichtiges Tagebuch eines Missionars der Rheinischen Missionsgesellschaft transkribiert und für den Druck sachkundig erläutert.

Wilhelm Diehl (1874–1940) arbeitete seit 1902 in Deutsch-Neuguinea. Das vermutlich seit dieser Zeit geführte Tagebuch ist verschollen, sodass erst mit der Edition seines Reports ab 1906 begonnen werden konnte. Denn seit diesem Zeitpunkt liegen die Originale vor.

Auf der Missionsstation Bogadjim in der Astrolabebucht war Wilhelm Diehl zunächst als Assistent tätig, bevor er die Leitung der Station übernahm. Nachdem seine erste Frau bereits nach zehnmonatigem Aufenthalt in der Südsee verstorben war, heiratete er im Jahre 1907 erneut. Die Tagebücher von dieser Frau, Johanna, sind die erwähnten bereits veröffentlichten Dokumente. Sie zählen zu den wichtigsten Quellen für eine feministische deutsche Missionsgeschichtsschreibung in dieser Region der Welt. Die Aufzeichnungen der Eheleute geben zuweilen die gleichen Handlungen oder Beobachtungen wieder; was jedoch viel wichtiger ist, sie ergänzen einander.

Die nunmehr einem größeren Leserkreis vorliegenden Tagebuchaufzeichnungen von Wihelm Diehl dokumentieren, auch wenn die ersten Bände der Tagebuchnotizen als verschollen angesehen werden müssen und der Forschung nicht mehr zur Verfügung stehen, wie sein Wissen um die indigene Kultur sich zunehmend entwickelte. Er wurde nicht zuletzt deshalb des Öfteren als Schlichter sowohl von der einheimischen Bevölkerung als auch bei deren Konflikten mit der kolonialen Administration eingesetzt. Er wurde somit zu einem wahren »Vermittler zwischen den Kulturen«. Oftmals nahm er bei Streitigkeiten die Partei der Indigenen ein, was ihm nicht immer die Sympathie der Vertreter der Kolonialadministration einbrachte.

Um sein Missionsfeld auszuweiten, unternahm Diehl mehrere Expeditionen in das so gut wie unerforschte Hinterland. Er war daher der erste Europäer, der mit der dort lebenden einheimischen Bevölkerung den ersten, zumindest aber längerfristigen Kontakt hatte. Seine davon zeugenden Aufzeichnungen können somit als vorkoloniale Zustandsbeschreibungen gelten. Wenngleich er manche der ihn beschäftigenden Alltagserscheinungen recht kurz abhandelt, etwa wenn er krank wurde oder sich auf Reisen befand, geht er doch bei der Beschreibung von Menschen und Kulturen recht ausführlich und anschaulich vor, was das Lesen der Berichte geradezu spannend macht.

Nicht zuletzt wegen der Ausbreitung seines Arbeitsfeldes war er für seine Missionsgesellschaft erfolgreich. Er gründete im Landesinneren mehrere Stationen im Inland, die als Ausgangspunkte für weitere missionarische Tätigkeiten genommen wurden. Von einigen seiner Begegnungen mit der melanesischen Bevölkerung hat er Fotografien angefertigt.

Dem Herausgeber ist nicht nur für die Edition der Tagebücher zu danken, sondern auch für die Auswahl der historischen Fotografien, die sicherlich auch die Aufmerksamkeit der Ethnologen finden werden.

Besonderes zu würdigen ist die akribische Arbeit von Dieter Klein, der die Aufzeichnungen des Missionars Diehl durch eine Fülle von geographischen, personenbezogenen, missionsgeschichtlichen und ethnographischen Erläuterungen verständlicher macht. Ein Register sowie ein nicht allzu umfangreiches Literatur- und ein nützliches Quellenverzeichnis vervollständigen den Band.

Es hat sich mit diesem Buch wieder einmal gezeigt, wie verdienstvoll historische Quelleneditionen zur Geschichte der überseeischen Mission sind. Mögen noch viele solcher Bände Aufnahme in die Reihe des Harrassowitz Verlages finden.

Ulrich van der Heyden

Niels-Peter Moritzen (Hg.), **Johann Albrecht Friedrich Böhm – Missionar in Südwestafrika 1863–1907. Mit der Biographie, die seine Urenkel erarbeitet haben und Texten von ihm selber**, Nürnberg: VTR 2014, 173 S., EUR 14,80

Das unlängst von Frau Dr. Alice Rössler bearbeitete und von Dr. Niels-Peter Moritzen herausgegebene Taschenbuch zu dem Südwestafrikamissionar Böhm (Jahrgang 1833) ist als Biographie verfasst, die ursprünglich nur für Böhms Nachkommen bestimmt war und nun auch für die Öffentlichkeit freigegeben wurde. Man hat es bei dieser Veröffentlichung dementsprechend nicht mit einem missionswissenschaftlichen oder gar fachtheologischen Werk zu tun, sondern mit Böhms schlichter Lebensgeschichte, die von der Nachkommenschaft anhand seiner hinterlassen Erinnerungen zusammenfassend geschildert wird. Demzufolge dürfte man über die bisweilen dürftige Bildqualität der Abbildungen oder etwaige ungenaue Quellenangaben im von Böhms Urenkeln verfassten Lebenslauf hinwegsehen und das Werk eher phänomenologisch lesen.

Organisatorisch zerfällt das Werk in zwei Teile: Erstens erscheint Böhms Lebenslauf, der die Hauptstationen seines Lebens systematisch schildert (Vorgeschichte, Missionsarbeit im ehemaligen Deutsch-Südwestafrika auf den Stationen Salem, Ameib, Otjimbingwe und Walfischbai, und zuletzt Böhms Lebensabend in Deutschland). Dabei bilden sein Verbleib auf der von ihm gegründeten Missionsstation Ameib (von wo aus Böhm hauptsächlich Bergdamaras und Swartboois von 1867–1880 seelsorgerisch betreute) und sein späterer dienstlicher Aufenthalt im damals noch recht rustikalen Walfischbai. Zwischen diesen beiden Aufenthalten erfolgte eine kurze Dienstzeit in Otjimbingwe (1880–1881), wo Böhm eine vermittelnde Rolle während eines Krieges zwischen den Namas und Hereros spielen konnte.

Den zweiten Teil des Buches bildet ein Anhang mit von Böhm selber verfassten und von den Nachkommen transkribierten Texten. Diese Texte bilden den eigentlichen Hauptteil des Buches und machen zweifellos dessen wichtigsten literarischen Beitrag aus: Eine bislang unveröffentlichte und detailreiche Primärquelle über Land und Leute Südwestafrikas im 19. Jahrhundert. Böhms Tagebücher aus seiner Dienstzeit in der Rheinischen Missi-

onsgesellschaft bieten Berichte aus erster Hand über seine Erfahrungen unter den herrschenden Umständen der damaligen Zeit und nebst geologischen und soziologischen Angaben auch ethnographische Schilderungen der Damara-, Herero-, und Namastämme (u.a.). Die von den Nachkommen verfasste Biographie im ersten Teil trägt dazu bei, das Bild mit zusätzlichen historischen Details aus anderen Quellen etwas zu vervollständigen. Als solches dürfte das Buch nicht nur Missionswissenschaftler und Historiker interessieren, sondern auch Ethnologen, Soziologen, Anthropologen, und besonders eben auch Namibia-Enthusiasten und Touristen. Schließlich ist es recht aufschlussreich über den frühen Stand und die geschichtliche Entwicklung Namibias, (Ameibs und) Walfischbais insbesondere. In Walfischbai lebte Böhm 26 Jahre lang; er wirkte dort nicht nur seelsorgerisch, sondern fungierte auch als Bindeglied zwischen der Außenwelt und den Rheinischen Missionaren im Binnenland. Somit vertrat er das Postamt, das Gasthaus, die Schiffverkehrskontaktstelle und das Warenlager, und lieferte aus seinem Garten dann auch noch (dabei meistens gratis) Frischwaren für Reisende. Dabei stand ihm seine Frau lange Zeit zur Seite. Gleichzeitig musste die Familie viele zusätzliche Entbehrungen auf sich nehmen, da ihr vorerst kein Heimaturlaub vergönnt wurde und die sieben Kinder das Haus schon früh verlassen mussten, weil es keine Schule vor Ort gab.

Nach dem Tod seiner Frau arbeitete Böhm vorerst noch weiter, kehrte jedoch in 1907 nach 43 Jahren ununterbrochenen Dienstes in Südwestafrika nach Deutschland zurück, wo er seinen Ruhestand verbrachte und in 1918 verstarb. Aus seinen Tagebüchern ergibt sich ein Bild recht erfreulichen lebenslänglichen Wirkens in Afrika. Im Gegensatz zu einigen seiner Mitmissionare und Landsleute wie dem bekannten Missionar Carl Hugo Hahn blieb Böhms Lebensgeschichte im Großen und Ganzen konfliktfrei. Auch findet man keine besonders hervorstehenden Superlative in den Berichten. Stattdessen geht es in diesen Quellen eher schlicht und einfach um Arbeit unter schwierigen, durch die Dürren und damaligen Raubkriege verursachten Umständen, um den biederen »Arbeitsalltag eines einzelnen Missionars«, der in einer unwirtlichen Landschaft beharrlichen Dienst leistete.

Das Buch stellt insgesamt einen wichtigen Beitrag zur Quellenlage der frühen Entwicklungszeit Namibias dar und dürfte somit Forschern und Namibiareisenden zur Fundgrube werden.
Karl Böhmer

Gustav Warneck, **Evangelische Missionslehre: Ein missionstheoretischer Versuch,** (=Edition afem – mission classics Bd 8, bearbeitet und herausgegeben von F. Knödler, mit einer Einführung v. Th. Schirrmacher), Nürnberg: VTR 2015, 2 Bde à 630 S., zus. EUR 97.00

Evangelische Studenten der Theologie müssen weiter, um zum Examen zu kommen, für die Urtexte der Bibel Griechisch und Hebräisch, die Sprachen samt ihren Alphabeten lernen. Da berührt es seltsam, wenn als erster Grund für die Neuausgabe eines berühmten Werkes vom Anfang des 20. Jahrhunderts nicht in Faksimile, sondern in aufwendigem neuem Satz von über 1200 Seiten ausgeführt wird, dass deutsche Frakturschrift den heutigen Lesern nicht mehr zumutbar sei. Die ältere Lesergeneration mag darüber den Kopf schütteln. Doch wenn es gelingt, auf diesem Weg Warneck neue Leser zu schaffen unter der jungen Generation, sei es des gesamten Werkes, sei es seiner wichtigsten und aktuellsten Kapitel, so ist der Aufwand gerechtfertigt. Von Warneck, dem Begründer der Missionswissenschaft in Deutschland, nicht nur aus zweiter Hand zu wissen, sondern ihm selber in seinem Hauptwerk zu begegnen, ist allemal gut und gewiss keine vertane Zeit.

Liest man Warnecks *Missionslehre* heute als Klassiker und Bahnbrecher für die Begründung der theologischen Disziplin Missionswissenschaft, so darf der Blick auf ihre Gesamtanlage in ursprünglich fünf Bänden in drei »Abteilungen« nicht fehlen. Der »Begründung der Sendung« (I) folgen die »Organe der Sendung« (II) und schließlich der »Betrieb der Sendung« (III), wobei diese letzte Abteilung in drei Teilbänden umfangreicher ist als die beiden ersten Abteilungen zusammen: Seiten 440–1146 in der Neuausgabe. Diese Disproportion, die nicht im anfänglichen Plan Warnecks war, gilt es zu deuten. Sie bezeugt zum einen, dass Warnecks Hauptinteresse und reichste Erfahrung hier, in der Praxis und Organisation der Mission liegt, und zum anderen, dass das festgehaltene Missionsziel sich zu Warnecks Zeit nicht so verwirklichte wie von ihm erhofft: der Nexus zwischen praktischer Missions*aufgabe* und erwartetem Missions*ziel* bleibt »Problem«, Kap 43, 939–966. Eben hier hätte in veränderter geschichtlicher Lage das Gespräch mit Warneck, auch die Antwort an ihn, einzusetzen: die Existenz der aus der westlichen Mission entstandenen Kirchen ist heute unbestritten und setzt neue Fragen auf die Tagesordnung, die es damals so nicht gab, ebenso die gesunkene Bedeutung und Rolle des Westens im globalen Horizont, wo Warneck ihn trotz mancher Zweifel noch als führend voraussetzte. Vom Ende her ist auch die Abfolge der Teile: erst das Subjekt der Mission, dann ihre Adressaten, die Warneck beiläufig, wenn auch nicht so konsequent wie J. Schmidlin, sein katholischer Nachfolger und Konkurrent auch »Missionsobjekt« nennt, neu in Frage zu stellen. Eine Missionslehre, die zuerst von den Adressaten und dann von den Sendboten handelt, wäre theologisch durchaus denkbar. Die Mission besteht um der von Gott geliebten Welt willen, nicht die Welt um der Mission und Missionare willen.

Zum Äußeren und Technischen der Neuausgabe hat der Herausgeber F. Knödler große und gewissenhafte Arbeit geleistet. Statt fünf Bänden hat man nun nur noch ihrer zwei umfangreiche in den Schrank zu stellen. Die Übertragung der Feingliederung der Kapitel, die Warneck nur im Inhaltsverzeichnis hat, hinein in den Text ist gelungen und erhöht die Lesbarkeit erheblich, ebenso die neuen ausführlichen Verzeichnisse im Anhang. Zu bedauern ist, dass darüber die bei Warneck gesperrt gedruckten Wörter nicht mehr hervorgehoben sind, und dass die bei Warneck durch kleinere Schrifttype gekennzeichneten Exkurse im laufenden Text nicht mehr als solche erkennbar sind. Die orthographischen und stilistischen Änderungen sind vorsichtig und stören Warnecks Stil nicht.

Außer dem knappen Vorwort des Herausgebers ist der Ausgabe eine gut informierte zwanzigseitige »Einführung« von Th. Schirrmacher beigegeben: sie zielt mit mancherlei Bezügen auf jüngste evangelikale und ökumenische Verlautbarungen auf die verbindende »evangelische Gemeinsamkeit«, die zweifellos auch in Warnecks eigenem Wunsch und Interesse liegen würde. Zu solchem erneuerten gemeinsamem Gespräch werden auch unterschiedliche Lektüren von Warnecks biblischer Missionstheologie gehören. Nach Schirrmacher ist bei Warneck die Mission »zentral« im Römerbrief begründet: darüber lässt sich streiten. Sicher ist sie beim reifen Warneck mehr bei Paulus als in Matthäus 28 begründet – aber bei Paulus gerade nicht im Römerbrief, dessen Thema der Glaubensgerechtigkeit Warneck einen »Umweg« nennt (S. 152) auf dem Weg zur eigentlichen Missionsbegründung, die er in Epheser 1–3, in Gottes vorzeitlich ewigem Ratschluss zur Einleibung der Heiden findet. Über die Rolle des Epheserbriefs in der Theologie der

Mission wäre das Gespräch nicht nur innerevangelisch, sondern auch mit den katholischen Experten neu wieder aufzunehmen.
Heinrich Balz

Markus A. Weingardt (Hg.), **Warum schlägst du mich? Gewaltlose Konfliktbearbeitung in der Bibel. Impulse und Ermutigung**, Gütersloh: Gütersloher Verlagshaus 2015, 224 S., EUR 19,99; *Ders.,* **Was Frieden schafft. Religiöse Friedensarbeit – Akteure, Beispiele, Methoden**, Gütersloh: Gütersloher Verlagshaus 2014, 232 S., EUR 24,99.

Die Deutsche Geschichte ist geprägt von Krieg und Gewalt. Entsprechend beeinflusst ist auch die Geschichte der deutschen evangelischen Mission von kriegerischen Auseinandersetzungen und Gewaltausübung. Angesichts der dunklen Schatten der deutschen evangelischen Missionsgeschichte sind die beiden Sammelbände relevant, die Markus Weingardt zum Thema einer weltweiten religiösen Friedensarbeit und der gewaltlosen Konfliktbearbeitung in der Bibel vorlegt.

In dem ersten 2014 erschienenen Buch über religiöse Friedenserziehung, das unter Mitarbeit von Friederike Faust entstanden ist, hebt Weingardt hervor, dass die Friedens- und Konfliktforschung lange gebraucht hat, bis sie überhaupt die Religionen entdeckte. Er führt das darauf zurück, dass im friedensethischen Diskurs offenbar die Meinung vorherrschte, dass bei fort-schreitendender Säkularisierung religiöse Kriegsursachen ohnehin verschwinden würden (S. 7). Die jüngste Geschichte hat diese Annahme als Trugschluss entlarvt. Seit den zunehmend religiös aufgeladenen Konflikten weltweit gilt das Augenmerk wieder verstärkt dem Konfliktpotenzial von Religionen. Dass gleichzeitig auch ein erhebliches Friedenspotenzial von ihnen ausgeht, wird oftmals marginalisiert oder auch ignoriert. Dieses Potenzial herauszuarbeiten und in einer anschaulichen Form zur Verfügung zu stellen, ist das vordringlichste Verdienst von Weingardts Sammlung. In zehn Kapiteln beschreibt er so unterschiedliche Ansätze wie Training for peace, Friedensmärsche, interreligiöse Dialoge, friedensethische Stellungnahmen und Versöhnungsarbeit hinsichtlich ihrer Methodik und praktischen Anwendung. Um den Blick für die weltweite Partnerschafts- und entwicklungspolitische Zusammenarbeit zu weiten, führt er die jeweiligen Ansätze vor dem Hintergrund je eines nationalen und internationalen Beispiels aus. Dabei reicht die Spannbreite vom Kirchenasyl in Deutschland (S. 35ff.) über Friedensverhandlung mosambikanischer Konfliktparteien in Rom (S. 147ff.), die Evangelische Kirche in der DDR (S. 138 ff.) bis hin zur südafrikanischen Wahrheits- und Versöhnungskommission (S. 212 ff). In diesen praxisnahen Beschreibungen des friedensethischen Potenzials von Religionen liegt der besondere Erkenntnisgewinn von Weingardts Buch. Zur individuellen Vertiefung listet er am Ende jedes der zehn Kapitel weiterführende Informationen und ein kurzes Quellen- und Literaturverzeichnis auf. So ermöglicht er eine qualifizierte Weiterbeschäftigung mit den bildreich und sachgemäß dargebotenen Informationen.

In dem zweiten 2015 erschienenen Buch über gewaltlose Konfliktbearbeitung in der Bibel versammelt Weingardt 31 Texte, Buchausschnitte und Predigten verschiedener AutorInnen. Sie sind zum großen Teil im Rahmen eines Prozesses der Badischen Landeskirche entstanden, die sich seit 2011 auf allen ihren Ebenen darüber verständigt, wie sie als »Kirche des gerechten Friedens« erkennbar werden kann (S.10). Die verschiedenen AutorInnen liefern in großer Vielgestaltigkeit nach, was in Weingardts Friedensbuch zu kurz kommt: eine biblisch-theologische Ausarbeitung friedensrelevanter Themen. Wobei er auch in diesem zweiten Beitrag keine wissenschaftliche Abhandlung vorlegt, sondern ein »Lesebuch«, das zum individuellen Studium oder zum gemeinsamen Nachdenken und Diskutieren anregen soll (S. 18). Auslöser ist der grundlegende Paradigmenwechsel bundesdeutscher Militärpolitik seit den 1990er Jahren. Bis zum Ende des Ost-West-Konflikts galt als nachkriegspolitischer Leitsatz: man solle kämpfen können, um nicht kämpfen zu müssen (S. 125). Seit dem Eingreifen der NATO in den Jugoslawienkrieg und dem Ausruf des Bündnisfalles nach 9/11 hat sich nicht nur die deutsche Politik Stück für Stück von dieser Maxime verabschiedet. Die jüngste Debatte innerhalb der EKD um eine Neubewertung der Lehre vom gerechten Krieg

zeigt, dass wir uns mitten in der Diskussion über eine »denkerische Renaissance des Krieges« (ebd.) befinden. Weingardt ist eine wichtige Stimme innerhalb dieser notwendigen Verständigung über die Zukunft des friedenspolitischen Kurses der Kirche. Von besonderer Bedeutung ist, dass die Mehrzahl der AutorInnen seiner Textauswahl dabei die klassische Frage von Krieg und Frieden anhand der scheinbar kleinen, aber oftmals entscheidenden zwischenstaatlichen und -menschlichen Konflikte diskutieren: So beschreibt ein Text die strukturellen Bedingungen für die Entstehung von Konflikten und Möglichkeiten ihrer Beilegung am Beispiel der christlichen Urgemeinde (S. 207–212), ein anderer beschäftigt sich mit der jüdisch-alttestamentlichen Verortung der Frage des Widerstandes gegen staatliche Befehle (47–51) und ein weiterer stellt Überlegungen an zu einer Überwindung des Modells volkskirchlicher Einheitsgemeinden unter dem Motto: »Kulturelle Verschiedenheit … ist ein Zeichen der wiederhergestellten Schöpfung« (S. 29–36, Zitat S. 32).

Die Absicht seiner beiden Bücher bringt Weingardt selbst auf die kurze Formel: »Frieden wird nicht ein Mal errungen und dann nie wieder verloren. Frieden ist ein Weg, der uns ständig vor neue Herausforderungen stellt« (S. 16). Dieser Herausforderung stellt er sich mit den hier versammelten Beiträgen. Es ist beiden Werken zu wünschen, dass sie als gewichtige Stimme in den anstehenden theoretischen Überlegungen zur Frage von Krieg und Frieden, dem ebenso notwendigen

missionarisch-partnerschaftlichen Han-
deln der Kirchen und in der weltweiten
Ökumene gehört werden mögen.
Sönke Lorberg-Fehring

Nachruf zu Prof. Dr. Theodor Ahrens
(1940–2015)

Theodor Ahrens, geboren am 30. April 1940 in Koraput im Bundesstaat Orissa in Indien, ist am 16. September 2015 nach mehrmonatiger schwerer Krankheit im Kreise seiner Familie 75-jährig in seiner Hamburger Wohnung verstorben. Er war von 1987 bis 2005 Professor für Missionswissenschaft und ökumenische Beziehungen der Kirchen am Fachbereich Ev. Theologie der Universität Hamburg. Seine beruflichen Stationen waren nach der Beendigung der theologischen Ausbildung und der Hamburger Promotion 1969 über »Die ökumenische Diskussion kosmischer Christologie seit 1961« die Mitgliedschaft in der Studienleitung der Missionsakademie Hamburg 1969–1971 und pastorale Tätigkeit und Feldforschung in Papua Neuguinea 1971–1978. Seit 1978 war er Referent für Grundsatzfragen und Beziehungen der Nordelbischen Ev.-Luth. Kirche nach Ostasien/Ozeanien im Zentrum für Weltmission und kirchlichen Weltdienst (Hamburg). Seit seiner Berufung an die Universität Hamburg war er auch Vorsitzender des Vorstands der Missionsakademie und Mitglied in zahlreichen Gremien u.a. des Evangelischen Missionswerks in Deutschland.

Themen und Texte der weltweiten christlichen Ökumene hat Ahrens stets mit scharfem theologischem Blick und Kritikfähigkeit wahrgenommen und kommentiert. Er verstand es, seine Analysen und theoretischen Aufarbeitungen aus Theologie und Kulturanthropologie immer wieder an seine eigenen Lebenserfahrungen insbesondere in Papua Neuguinea, aber auch in anderen Kontexten zurückzubinden. Seine Hauptarbeitsgebiete waren die Kontextualisierungsproblematik christlicher Theologie, eine zeitgemäße Theologie der Mission, Religion und Gewalt, Kultur- und Christentumsgeschichte Ozeaniens und zuletzt die theologische, kulturanthropologische und kulturtheoretische Aufarbeitung des Themas Gabe. Ahrens' wissenschaftlicher Stil war die konzise Kleinmonographie, so dass seit 2002 mehrere Sammelbände mit längeren Aufsätzen entstanden: Mission nachdenken (2002), Gegebenheiten (2005), Vom Charme der Gabe (2008), die längere Einzelarbeit Zur Zukunft des Christentums (2009) und schließlich sein letztes Buch Einwürfe (Juni 2015), das bereits veröffentlichte und neueste unveröffentlichte Aufsätze vereinigte. Ahrens lag es auch an den theologischen Rückschlüssen von ökumenischen Einsichten auf das Christentum im eigenen Land, die letzten zehn Jahre seines wissenschaftlichen Wirkens jedoch waren schwerpunktmäßig neben der kulturtheoretischen und theologischen Thematik von Religion und Gewalt der Gabe als philosophischem, kulturanthropologischem und theologischem Thema gewidmet: die theologische Unterbrechung von Gegenseitigkeit im göttlichen Handeln, aber auch die Frage nach dem Weg von »Gaben« in der internationalen kirchlichen Partnerschaft, nach der Verwendung von Geldern und der Gestaltung von kirchlichen Beziehungen unter den Bedingungen unterschiedlicher Wirtschaftsethik und -hermeneutik. Das Verstehen über Kulturgrenzen hinweg und die Kontextualität von Lebensäußerungen war eines seiner Lebensthemen, die er u.a. unter der Thematik und Problematik teilnehmender Beobachtung reflektierte.

Der Horizont seines Denkens war weit, trotzdem gelang ihm zu jedem Thema die Auslotung in einer gedanklichen Tiefe, die ihn immer wieder zum wichtigen und hochgeschätzten Gesprächspartner unter Kollegen auch in der weltweiten Ökumene machte. Als Vorgänger und Kollege hat er sich in nachdenklicher und zugleich bescheidener und unprätentiöser Weise in die Arbeitszusammenhänge im theologischen Fachbereich und im einst von ihm geleiteten Institut eingebracht. Er dachte im persönlichen Gespräch mit und setzte bis zuletzt Impulse, an denen er selbst noch arbeiten wollte, oder die er auch anderen gerne empfehlen konnte. In der Sozietät des Instituts, an der er bis wenige Monate vor seinem Tod teilnahm, und in vielen anderen Zusammenhängen menschlicher und wissenschaftlicher Art werden wir ihn sehr vermissen und an ihn als einen herausragenden Wissenschaftler, wunderbaren Kollegen und guten Freund in Dankbarkeit und tiefer Trauer denken.

Ulrich Dehn

Berufungen und Ehrungen

Prof. Dr. **Henning Wrogemann** (51) ist neuer Vorsitzender der Deutschen Gesellschaft für Missionswissenschaft (DGMW). Der Verwaltungsrat der DGMW wählte Wrogemann auf der Verwaltungsratssitzung im Rahmen der DGMW-Jahrestagung in Bad Boll vom 1. bis 3. Oktober 2015. Er löst damit Prof. Dr. **Dieter Becker** (65) als Vorsitzenden ab. Becker war nach zwölf Jahren im Zusammenhang mit seiner Emeritierung von seinem Amt als DGMW-Vorsitzender zurückgetreten. Sein Nachfolger Henning Wrogemann hat an der Kirchlichen Hochschule Wuppertal den Lehrstuhl für Missions- und Religionswissenschaft und Ökumenik inne, ist Leiter des Instituts für Interkulturelle Theologie und Interreligiöse Studien und seit Oktober 2015 auch Prorektor der Kirchlichen Hochschule Wuppertal. 2005 hatte er sich im Fach Missions- und Religionswissenschaft an der Ruprecht-Karls-Universität Heidelberg bei Theo Sundermeier mit einer Forschungsarbeit über die islamische *da'wa* (Einladung zum Islam) habilitiert.

Prof. Dr. **Martin Wallraff** (49) hat zum Frühjahr 2016 den Ruf auf den Lehrstuhl für Kirchengeschichte I an der Ludwig-Maximilians-Universität München angenommen. Er tritt damit die Nachfolge von Prof. em. Dr. **Klaus Koschorke** an. Wallraff war von 2012 bis 2014 Dekan der theologischen Fakultät der Universität Basel. Sein Forschungsschwerpunkt ist die Geschichte des frühen Christentums.

Rev. Dr. **Munib Younan**, Bischof der Evangelisch-Lutherischen Kirche in Jordanien und dem Heiligen Land, Präsident des Lutherischen Weltbundes, wurde durch die Westfälische Wilhelms-Universität der Titel des Doktors der Theologie ehrenhalber verliehen.

Das Evangelische Missionswerk in Deutschland (EMW) hat im Rahmen seiner jährlichen Mitgliederversammlung am 25. September 2015 einen neuen Vorstand gewählt. Von den fünfzehn Mitgliedern sind folgende fünf Personen erstmalig in dem Gremium vertreten: **Barbara Deml** (Berliner Missionswerk), **Hanns Hoerschelmann** (Direktor des Centrums Mission EineWelt), Dr. **Beate Jakob** (Deutsches Institut für Ärztliche Mission, Tübingen), Prof. Dr. **Andreas Nehring** (Universität Erlangen), **Christian Reiser** (Gossner Mission). Die EKD hat Superintendent **Hans-Georg Furian** in den Vorstand entsandt. Prof. Dr. **Ulrich Dehn** (Universität Hamburg) wurde erneut als theologischer Berater berufen. **Jan Janssen** (Bischof der Evangelisch-Lutherischen Kirche in Oldenburg) wurde für weitere sechs Jahre in seinem Amt als Vorstandsvorsitzender bestätigt.

Zur neuen Präsidentin des Gustav-Adolf-Werkes (GAW) wurde mit großer Mehrheit dessen bisherige Vizepräsidentin, die Ulmer Regionalbischöfin **Gabriele Wulz** (56) gewählt. Wulz ist damit die erste Frau an der Spitze des Diasporawerks. Amtsinhaber Wilhelm Hüffmeier (74) wird sein Amt noch bis Ende 2015 innehaben und soll dann zum Ehrenpräsidenten ernannt werden.

Der evangelische Theologe und Soziologe **Jürgen Micksch** (74) ist mit dem Erich-Kästner-Preis des Presseclubs Dresden geehrt worden. Der Presseclub anerkannte mit dieser Auszeichnung den mehr als dreißigjährigen Einsatz Mickschs zum Wohle von Flüchtlingen in Deutschland. Micksch hat auch die Organisation Pro Asyl gegründet. Der Journalist Heribert Prantl bezeichnete Micksch in seiner Laudatio als »Missionar für die Menschenrechte und für das Miteinander der Menschen und der Religionen«.

Der **Aachener Friedenspreis** wurde an zwei afrikanische Initiativen zur Flüchtlingshilfe und Verständigung der Religionen vergeben: Zur Hälfte geht er an eine afrikanische Studentengruppe, die in Marokko das Leben von Flüchtlingen aus dem südlichen Afrika rettet. Die andere Hälfte des Preises wird an Erzbischof Dieudonné Nzapalainga und Imam Kobine Layam aus der Zentralafrikanischen Republik verliehen. Die beiden Geistlichen setzen sich angesichts des Bürgerkriegs zwischen muslimischen und christlichen Gruppen in einem der ärmsten

Länder der Welt für ein friedliches Miteinander der Religionen und eine gewaltfreie Konfliktlösung ein.

Der somalische Blogger Farah **Abdullahi Abdi** (20) erhielt den internationalen Bremer Friedenspreis in der Kategorie »Unbekannter Friedensarbeiter« für sein Engagement für Flüchtlinge. In der Kategorie »Beispielhafte Initiative« wurde die Leipziger Initiative »adopt a revolution« ausgezeichnet, die zivilgesellschaftliches Engagement in Syrien unterstützt und in Deutschland bekannt macht. Die irische Mediatorin **Mary Montague** (63) wurde für ihr jahrzehntelanges öffentliches Wirken im Nordirlandkonflikt, im Kosovo, in Pakistan, Afghanistan und dem Sudan ausgezeichnet. Mit dem internationalen Bremer Friedenspreis werden regelmäßig Persönlichkeiten und Initiativen geehrt, die sich beispielhaft für Gerechtigkeit, Frieden und die Umwelt einsetzen.

Neue Promotionen und Habilitationen

Ciin Sian Khai, Tuimang-Tonzan (Myanmar) (Fachbereich Evangelische Theologie, Universität Hamburg, Promotion 2015): »Buddhist-Christian Dialogue. A Way Toward Peaceful Coexistence in Myanmar«.

Clauß, Alexander (Martin-Luther-Universität Halle-Wittenberg, Theologische Fakultät, Promotion 2015): »Europäische Repräsentationen. Christentum und Islam im Osmanischen Reich in den Publikationen von Christoph Wilhelm Lüdeke (1737–1805)«.

Flett, Dr. John (Kirchliche Hochschule Wuppertal-Bethel, Lehrstuhl für Missions- und Religionswissenschaft und Ökumenik, Habilitation 2015): »Apostolicity: Historical Continuity, Visible Witness, and Cross-Cultural Translation«.

Hiller, Detlef (Kirchliche Hochschule Wuppertal-Bethel, Lehrstuhl für Missions- und Religionswissenschaft und Ökumenik, Dissertation 2015): »Die ›Charismatisierung‹ des Glaubensverständnisses und der Glaubenspraxis pakistanischer Christen, untersucht anhand der Bedeutung von ›healing and deliverance‹«.

Kahongya Bwiruka, Kambale Jean-Bosco (Kongo) (Kirchliche Hochschule Wuppertal-Bethel, Lehrstuhl für Missions- und Religionswissenschaft und Ökumenik, Promotion 2015): »Das Phänomen Hexenkinder in Goma – Religiöse Deutungen und Ansätze sozialer Arbeit christlicher Kirchen und Bewegungen im Kontext der Krisenregion des Ost-Kongo«.

Kim Kwang Chul (Südkorea) (Fachbereich Evangelische Theologie, Universität Hamburg, Promotion 2015): »Die Rolle der evangelischen Religionspädagogik in den religiösen Konflikten Südkoreas«.

Metzler, Volker (Theologische Fakultät der Georg-August-Universität Göttingen, Promotion 2015): »Mission und Macht. Das Wirken der Orient- und Islamkommission des Deutschen Evangelischen Missionsausschusses 1916–1933«.

Geburtstage

80 Jahre: am 19. 3. 2016 Dr. Georg Evers, Raeren/Belgien, promovierte bei Karl Rahner über Theologie der Religionen, von 1979 bis 2001 Asienreferent im Missionswissenschaftlichen Institut Missio (Aachen), zahlreiche Veröffentlichungen zum interreligiösen Dialog und zur Theologie der Mission, Mitglied im Beirat des China-Zentrums e.V.

75 Jahre: am 20. 1. 2016 Dr. Jürgen Micksch, evangelischer Theologe und Soziologe sowie Initiator verschiedener sozialer und interreligiöser Einrichtungen.

70 Jahre: am 7. 3. 2016 Dr. Rudolf Ficker, von 1979 bis 1985 Dozent für Altes Testament am United Theological College in Bangalore, später beim Ökumenischen Stipendienwerk Bochum und seit 2003 Leiter des Stipendienreferats des Evangelischen Entwicklungsdienstes, dessen Vorstand er bis zu seinem Ruhestand 2011 angehörte.

Todesnachrichten
Prof. Dr. **Theodor Ahrens**, geboren am 30. 4. 1940 in Koraput in Indien, ist am 16. 9. 2015 im Alter von 75 Jahren in Hamburg verstorben. (vgl. Nachruf in diesem Heft)

Prof. Dr. **Ferdinand Hahn** ist am 28.7.2015 im Alter von 89 Jahren verstorben. Hahn (geb. 18.1.1926) hatte von 1976 bis zu seiner Emeritierung 1994 den Lehrstuhl für Theologie des Neuen Testaments an der Ludwig-Maximilians-Universität München inne. Im Jahr 1968 übernahm er den Vorsitz der Deutschen Ostasienmission (DOAM) und wirkte wegweisend für deren Integration in die regionalen Missionswerke in Stuttgart und Berlin in den Jahren zwischen 1972 und 1974. In ihrem Nachruf hebt die DOAM hervor, Hahn habe das Wirken der DOAM auf einen ökumenischen, partnerschaftlichen Kurs gebracht. Seit 1988 bis zu seinem Tod war Hahn Ehrenvorsitzender der DOAM. Im Erlanger Verlag für Mission und Ökumene kam 1999 sein Band »Mission in neutestamentlicher Sicht: Aufsätze, Vorträge und Predigten« heraus.

Sonstiges

Die Universität Tübingen hat eine **Gastprofessur** für die indische Sprache Malayalam eingerichtet und sie nach dem Großvater Hermann Hesses, dem Indienmissionar **Hermann Gundert** benannt. Die Gastprofessur wird von der Regierung und einer Wissenschaftsorganisation Indiens gestiftet. Dozenten der Thunchath Ezhuthachan Malayalam University aus dem Bundesstaat Kerala werden ab Oktober 2015 in Tübingen regelmäßig ihre Sprache lehren.

Zentralverbände der Muslime haben unterstrichen, dass muslimische Gemeinden sich in Deutschland in der Flüchtlingshilfe engagieren. Der Generalsekretär der Islamischen Gemeinschaft Milli Görüs (IGMG), Bekir Altas, wies darauf hin, dass Gemeindeglieder am Münchener Hauptbahnhof Syrer begrüßt hätten. In vielen Moscheen seien Flüchtlinge untergebracht, und unter dem Motto »Flüchtling, Nachbar, Freund« hätten IGMG-Gemeinden Flüchtlingskinder auf Indoor-Spielplätze eingeladen. Die Generalsekretärin des Zentralrats der Muslime, Nurhan Soykan, wies darauf hin, dass viele Muslime beim Empfang in den Erstaufnahmelagern helfen, Flüchtlinge auf Behördengänge begleiteten und für sie übersetzten. Weitere bundesweite Projekte seien geplant.

Bundespräsident Joachim Gauck hat sich in einem Gespräch mit dem Bonner Generalanzeiger dafür ausgesprochen, das **Selbstbild von Deutschland** als einer homogenen Nation aus überwiegend hellhäutigen Menschen, die christlich sind und Deutsch als Muttersprache haben, an der vielfältigen Lebenswirklichkeit neu auszurichten. Gauck plädiert für ein Selbstverständnis als Gemeinschaft von Verschiedenen auf einer gemeinsamen Wertebasis.

Rev. Dr. Fidon Mwombeki mahnte an, in den Vorbereitungen auf das Reformationsjubiläum die **weltweite Ökumene** mehr in den Blick zu nehmen. Die Kirchen in Nord und Süd können nach Ansicht des 1960 geborenen Theologen und Wirtschaftswissenschaftlers viel voneinander lernen. Besonders wünscht er sich, dass in Deutschland das Evangelium von Jesus Christus nicht über der gesellschaftlichen Bedeutung von Religion vergessen wird.

Reformationsbotschafterin Dr. Margot Käßmann hat in einer Ansprache im Dom zu Brandenburg die Bedeutung des Reformationsjubiläums für die **Verständigung der Religionen** unterstrichen. Anknüpfend an den Grundsatz *ecclesia semper reformanda* forderte sie einen theologisch begründeten Dialog der unterschiedlichen Konfessionen und Religionen.

Termine

Die jährliche **Gebetswoche für die Einheit der Christen** findet **vom 18. bis 25. Januar 2016** statt. Traditionell findet die Gebetswoche vom 18. bis 25. Januar zwischen den Gedenktagen für das Bekenntnis des Apostels Petrus und die Bekehrung des Apostels Paulus statt. Da der Januar auf der Südhalbkugel Ferienzeit ist, feiern die Kirchen dort die Einheit zu einem anderen Zeitpunkt, zum Beispiel zu Pfingsten, das ebenfalls ein symbolisches Datum für die Einheit ist.

Der **Weltgebetstag** am **Freitag, dem 4.3.2016** wird von Frauen aus Kuba vorbereitet und steht unter dem Thema »Nehmt Kinder auf und ihr nehmt mich auf«.

Die **katholische Arbeitsstelle für missionarische Pastoral** führt in Zusammenarbeit mit dem **Institut für Weltkirche und Mission** der Philosophisch-Theologischen Hochschule St. Georgen vom 8. bis 10. März 2016 eine Tagung unter dem Thema »Mission 21. Das Evangelium in neuen Räumen erschließen« durch. Tagungsort ist die Philosophisch-Theologische Hochschule St. Georgen in Frankfurt am Main. Weitere Informationen unter www.iwm.sankt-georgen.de/jahrestagung2016 .

Das **Nürnberg Forum** plant in Zusammenarbeit mit dem Lehrstuhl für Religionspädagogik der Universität Erlangen-Nürnberg (Prof. Dr. Manfred Pirner, Prof. em. Dr. Johannes Lähnemann, Dr. Werner Haußmann), Prof. Dr. Peter Bubmann (Praktische Theologie), Dr. Florian Höhne (Systematische Theologie, Fürth), Prof. Dr. Andreas Nehring (Religions- und Missionswissenschaft), der Dietrich-Bonhoeffer-Forschungsstelle für Öffentliche Theologie der Universität Bamberg, dem Global Network of Public Theology **vom 3. bis 6. Oktober 2016** eine Tagung zum Thema »Öffentliche Theologie – Religion – Bildung. Interreligiöse Perspektiven«. Weitere Informationen unter www.nuernberger-forum.uni-erlangen.de .

(Zusammengestellt am Lehrstuhl für Interkulturelle Theologie, Missions- und Religionswissenschaft der Augustana-Hochschule von Dr. Verena Grüter, Waldstraße 11, D-91564 Neuendettelsau. Bitte senden Sie Informationen und Hinweise an petra-anna-goetz@augustana.de bzw. Fax: 09874/509–555.)

■ Herausgeberkreis und Schriftleitung

Sekretariat des Herausgeberkreises
Waldstr. 11, D-91564 Neuendettelsau, petra-anna-goetz@augustana.de

Prof. Dr. Ulrich Dehn (Hauptschriftleiter)
FB Evangelische Theologie der Universität Hamburg, Sedanstr. 19, D-20146 Hamburg,
ulrich.dehn@uni-hamburg.de

Dr. Verena Grüter (Informationen und Termine) Augustana-Hochschule, Waldstr. 11,
D-91564 Neuendettelsau, verena.grueter@augustana.de

Prof. Dr. Andreas Heuser, Theologische Fakultät der Universität Basel, Nadelberg 10, CH-4051
Basel, andreas.heuser@unibas.ch

Prof. Dr. Klaus Hock (Rezensionen) Theologische Fakultät der Universität Rostock, D-18051
Rostock, klaus.hock@uni-rostock.de

Dr. Katrin Kusmierz (Berichte und Dokumentationen) Theologische Fakultät der Universität Bern,
Länggassstr. 51, CH-3012 Bern, katrin.kusmierz@theol.unibe.ch

Prof. Dr. Heike Walz, Kirchliche Hochschule Wuppertal/Bethel, Missionsstr. 9a/b,
D-42285 Wuppertal, heike.walz@kiho-wuppertal-bethel.de

■ VerfasserInnen und RezensentInnen

Prof. Dr. Dr. Heinrich Balz, Stadtseestr. 31, D-74189 Weinsberg, hbalz.weinsberg@web.de

Dra. Luzmilla Quezada Barreto, Jr. Nazca 148 Jesus María (Altura de la 7 y 8 de la Av. Brasil),
Lima, Perú, luzmilaquezada@gmail.com

Dr. Claudete Beise Ulrich, Faculdade Unida, Rua Engenheiro Fábio Ruschi, 161, 29.050-670,
Vitória, claudetebeiseulrich@hotmail.com

Dr. Karl Böhmer, Philize 6, Rotsvygiestr. 272, La Montagne, Pretoria 0184, Südafrika,
keboehmer@gmail.com

Dina Ludeña Cebrian, erreichbar über Dr. Claudete Beise Ulrich

PD Dr. Moritz Fischer, Mittlere Holzbergstr. 10, D-91560 Heilsbronn,
moritz.fischer@augustana.de

Prof. Dr. Dr. Dr. Ulrich van der Heyden, University of South Africa, Pretoria, Republik Südafrika,
h1107dpp@rz.hu-berlin.de

Heleen Joziasse, St. Paul's University, Limuru, P.O. Private Bag, Limuru - 00217, Kenya

Dr. Sönke Lorberg-Fehring, Missionsakademie, Rupertistr. 67, D-22609 Hamburg,
lorberg-fehring@missionsakademie.de

Dr. Atola Longkumer, 79, Anjinappa Layout, Kothanur, Bengaluru-560077, Indien,
atolalongkumer2@hotmail.com

Dr. Esther Mombo, St. Paul's University, Limuru, P.O. Private Bag, Limuru - 00217, Kenya,
esthermombo@yahoo.co.uk

PD Dr. Rainer Neu, Am Lilienveen 62, D-46485 Wesel, neu.wesel@t-online.de

Ute Seibert, Bieberer Str.164, D-63071 Offenbach, utemar2002@yahoo.com

Kenneth Mtata | Karl-Wilhelm Niebuhr |
Miriam Rose (Eds.)
**Singing the Songs of the
Lord in Foreign Lands**
Psalms in Contemporary
Lutheran Interpretation

LWF-Documentation 59

272 pages | 15,5 x 23 cm | Paperback
ISBN 978-3-374-03773-5
EUR 19,80 [D]

Martin Luther once said, »Many of the Fathers have loved and praised
the Book of Psalms above all other books of the Bible. No books of moral tales and no legends of saints which have been written, or ever will
be, are to my mind as noble as the Book of Psalms ...« Despite their
richness, the Psalms also raise some interpretive challenges. How do
we read such difficult passages as the one which advocates the violent
destruction of one's enemies? Are we to ignore these and embrace only
those that edify us? This collection of essays by renowned international
scholars addresses such issues as the history and contemporary Lutheran and ecumenical interpretations of Psalms and provides valuable
interpretive insights for theologians, biblical scholars, pastors, coun-
selors and students.

EVANGELISCHE VERLAGSANSTALT
Leipzig www.eva-leipzig.de

Tel +49 (0) 341/ 7 11 41 -16   vertrieb@eva-leipzig.de

Kenneth Mtata | Karl-Wilhelm Niebuhr |
Miriam Rose (Hrsg.)

**Das Lied des Herrn in der
Fremde singen**

Psalmen in zeitgenössischer
lutherischer Interpretation

LWB-Dokumentation 59

304 Seiten | 15,5 x 23 cm | Paperback
ISBN 978-3-374-04188-6
EUR 19,80 [D]

Ungeachtet ihres Reichtums werfen die Psalmen auch Fragen der Interpretation auf. Wie sollen wir Sätze verstehen, in denen die Vernichtung von Feinden begrüßt wird? Sollen wir sie ignorieren und nur die uns aufbauenden Passagen zur Kenntnis nehmen? Diese Aufsatzsammlung bekannter internationaler Wissenschaftler spricht solche Fragen der Interpretation im historischen und gegenwärtigen lutherischen und ökumenischen Kontext an und liefert wichtige Einsichten für Theologen, Bibelwissenschaftler, Pfarrer, Seelsorger und Studierende.

EVANGELISCHE VERLAGSANSTALT
Leipzig   www.eva-leipzig.de

Tel +49 (0) 341/ 7 11 41 -16   vertrieb@eva-leipzig.de